선한울타리

작은 손길들이 함께 세워온 하나님의 울타리

선한울타리

최상규

규장

저자의 삶을 통해,
하나님이 우리에게 건네시는 사랑의 초대장

저자는 하나님과 '어전회의'를 하면서 살아온 사람입니다. 하나님께서는 참 선지자 얘기를 하시면서, 누가 나와 회의를 했느냐고 물으셨습니다(렘 23:18). 하나님의 명령이라는 것을 깨달은 저자는 2015년에 선한울타리 사역을 시작했습니다. 그리고 변함없이 그분의 음성을 따라 살려고 애쓰는 모습을 이 책을 통해 보여주고 있습니다. 책을 읽는 사람 모두 주님의 음성에 얼마나 귀를 기울이며 살아왔는지를 되돌아보게 될 것입니다.

어전회의를 하면서 살아도 열매가 항상 많은 것은 아닙니다. 누구보다 열심히 어전회의를 하면서 살았던 예레미야도 자신이 받은 말씀대로 나라가 무너지는 것을 지켜봐야 했습니다. 그러나 10년 전에 선한울타리 사역을 시작한 저자는 현재 28개 교회의 동역자들과 함께 250명의 자립준비청년을 섬기고 있으며 이는 참으로 행복한 결과입니다.

해마다 보육원을 떠나는 2,500명의 청년이 모두 케어를 받을 수 있는 선한울타리가 전국 곳곳의 교회를 통해서 잘 만들어지는 꿈을 위해 함께 기도합니다. 또한 저자와 함께 꿈쟁이가 될 성도들이 많아지기를 기도합니다. 하나님의 부르심을 따라 살고자 하는 모든 그리스도인에게 일독을 강력히 추천합니다.

박은조 목사 한동대학교 석좌교수·교목실장

10여 년 전 샘물교회에서 사역하던 당시, 최상규 장로님은 '선한울타리'라는 놀랍고도 거창한 비전을 들고 저를 찾아오셨습니다. 하지만 당시 저는 이미 진행 중인 사역들로 부담이 컸던 터라 "작게 시작해서 성공적인 모델을 만들어 오라"라는 말로 그 열정에 찬물을 끼얹고 말았습니다. 장로님의 원대한 비전을 보지 못한, 평신도보다 믿음 없던 제 모습이 지금 생각해도 너무나 부끄럽습니다.

그러나 장로님은 좌절하지 않고 오히려 더욱 헌신적인 태도로 선한울타리 사역을 시작하셨고, 그 이듬해에는 샘물교회의 새로운 사역으로 자리 잡게 되었습니다. 이후 이 사역은 처음 제게 보고했던 비전 그 이상으로 확장되며 수많은 생명의 역사를 만들어냈습니다.

그 모습을 보며 저는 최상규 장로님이야말로 제가 본받아야 할 인생의 스승이라는 사실을 깨달았습니다. 이분의 헌신과 믿음은 제 삶의 후반전을 선교지로 향하게 하는 귀한 이정표가 되어주었습니다. 이 책은 단순히 한 사역의 이야기가 아닙니다. 이는 하나님에 대한 온전한 믿음과 헌신이 어떻게 한 사람의 삶을 변화시키고, 나아가 수많은 생명을 살리는 기적을 일으키는지 보여주는 생생한 증거입니다.

오늘날 힘을 잃어가는 한국 교회와 성도들에게 이 책이 용기와 희망을 불어넣는 축복의 통로가 되리라 확신하며, 이 책을 적극적으로 추천합니다. 많은 분이 이 책을 통해 저와 같은 깊은 은혜를 경험하시기 바랍니다.

최문식 목사 샘물교회 2대 담임 • 발리 소망의 꽃 보육원(인도네시아) 원장 선교사

제가 본 최상규 장로님은 목회자입니다. 주님의 마음으로 사람을 돌보는 것이 목회라면, 장로님은 누구보다 뜨거운 목회자입니다. 이 땅의 필요를 위해 주께서 우리 마음을 두드리시고 우리 안에 긍휼의 마음을 일으키실 때, 무심결에 외면하는 경우도 있지만, 장로님은 신실하게 응답하셨고 그 열매가 선한울타리입니다.

울타리는 따뜻하면서도 거친 존재입니다. 사람을 품어주는 따뜻함이 있어야 하지만, 외부의 거친 풍파를 막아내기 위해 스스로는 거친 벽이 되어야 합니다. 그런 의미에서 장로님은 선한울타리라는 이름에 참 잘 어울리는 사람입니다. 따뜻할 만큼 따뜻하고, 필요한 만큼의 강단을 품은 요긴한 일꾼입니다. 책을 통해 주께서 빚어온 사람임을 다시금 확인합니다. 그의 인생에 임했던 아픔과 어려움도, 돌아보면 울타리를 위한 재목으로 키워오신 주님의 인도하심이었습니다.

때로 너무 '과한' 그의 뜨거움을 보면서 가족의 삶에 마음이 쓰이기도 했습니다. "최상규 씨와 결혼한 거 후회하지 않으세요?" 농을 섞어 아내분에

게 물어보았는데, 밝고 환한 얼굴로 "전혀요. 결혼 너무 잘한 거 같아요" 라는 대답을 들었습니다. 귀한 사람과 동행하고 동역하는 것은 참으로 큰 영광임을 믿습니다. 곁에서 다 알지 못하는 고단함이 있겠으나, 주께서 친히 이 가정을 위한 선한울타리가 되어주실 것을 믿습니다.

이 책을 통해 선한울타리의 지경이 더 넓어지기를 기도합니다. 주께서 펼쳐가실 아름다운 이야기를 기대합니다. 곁에서 지켜볼 수 있어 영광이라는 진심을 전하며, 주의 손과 발이 되어 주의 자녀들을 위한 선한울타리가 되어주시리라 기대합니다.

채경락 목사 샘물교회 담임

이 책은 최상규 장로님이 동역자들과 함께 심은, 작은 겨자씨 같은 수고와 사랑이 이제 큰 나무가 되어 수많은 열매를 맺어가는 기적의 이야기이자 정말로 하나님의 능력을 보여주는 놀랍고 아름다운 승리의 이야기입니다.

이것이 가능했던 이유는 최상규 장로님이 선한 마음을 가지고 힘든 고비마다 하나님을 먼저 찾으며, 하나님의 방향과 뜻을 구했던 그의 신실한 믿음에 있다고 생각됩니다.

저는 최상규 장로님을 한국입양홍보회 사역을 통해 처음 만났는데 장로님은 큰 키에 얼굴에는 웃음이 가득하며 매우 친절한 키다리 아저씨의 모습이었습니다. 제가 장로님이 섬기는 샘물교회에 가서 입양주일 간증을 할 때나 입양가족모임을 할 때면 빠짐없이 참석해 늘 반겨주며 따뜻한 형제처럼 함께해주셨고, 그때 시작된 우정이 지금까지 조금도 식지 않고 계속 이어지고 있습니다.

10년 전쯤 장로님은 자립준비청년들이 아동양육시설을 떠나 사회에 나가서 고생하며 살아가는 내용의 신문 기사를 읽고 매우 가슴 아파하며 그들을 도울 방법을 고민했습니다. 그는 이 고민을 가지고 하나님 앞에 나아가 기도했으며, 제게 조언을 구했습니다. 우리는 함께 대화하며 서로 아이디어를 주고받고, 마음을 모아 하나님의 지혜를 구하기도 했습니다.

아무리 좋은 아이디어가 있다고 해도, 정말 필요한 것은 자립준비청년들을 이해하며 그들을 위해 기도하는, 그들을 향한 '컴패션'(compassion 연민, 긍휼)이고 또한 재정적 도움을 주는 일이었습니다. 그때 저는 미국에서 자립준비청년들을 위한 후원 모금 갈라쇼를 하며 후원금의 일부를 선한울타리 사역에 필요한 씨드머니로 전달할 수 있었습니다.

하나님께서 장로님에게 지혜를 주시고 많은 사람을 만나게 하시며 함께하는 분들의 수고와 노력으로 이들이 지원하는 자립준비청년이 한 명 한 명 늘어가게 하셔서 지금은 수백 명의 자립준비청년을 돕게 되는, 정말로 작은 겨자씨가 큰 나무가 되어 새들이 둥지를 트는 기적의 이야기가 쓰여지고 있습니다.

지금은 여러 단체가 생겨나 자립준비청년들의 어려움을 알고 여러 곳에서 돕고 있지만, 그중 가장 눈에 띄는 단체가 선한울타리입니다. 이미 10년이 넘은 역사를 통해 선한울타리의 신뢰도와 명성은 그 어느 단체보다 뛰어나다고 생각합니다.

이것은 자립준비청년들을 진정으로 사랑하고, 한 명의 청년이라도 귀하게 여기며, 많은 시련에도 포기하지 않은 덕분이며, 또한 모든 일에 최선을 다해 노력하면서도 늘 하나님의 지혜를 구하고 눈물로 기도하면서 사역을 이루어나가는 최상규 장로님과 동역자들의 순종과 헌신이 있기 때문이라고 믿습니다.

세상의 무거운 짐을 지고 힘겹게 살아가는 모든 자립준비청년에게 등대와 같이 빛을 발하며 꿈과 소망과 사랑을 심어주는 선한울타리가 계속되기를 기도합니다.

스티브 모리슨 장로 사단법인 한국입양홍보회 설립자·LA은혜한인교회

최상규 장로님과 알고 지낸 지가 얼마 전처럼 느껴지는데 어느새 10년의 세월이 지났네요. 하나님께서 장로님에게 행하신 일을 바로 옆에서 본 자로서 부족하나마 증인 된 심정으로 추천사를 적어봅니다.

최 장로님의 삶을 가까이에서 지켜보며 욥기 23장 10절 말씀이 생각났습니다.

"나의 가는 길을 오직 그가 아시나니 그가 나를 단련하신 후에는 내가 징금같이 니오리라."

최 장로님은 입양을 한 명도 아니고 두 명이나 하셨습니다. 저는 근거리에서 그들의 성장 과정을 지켜보았습니다. 어렵다고 생각하던 입양이 참 쉽게 보입니다. 자녀들로 인해 아픔도 있겠지만 늘 기뻐하고 일상의 삶을

살아가는 장로님의 모습이 참 부럽고 존경스럽습니다.

하나님은 조지 뮬러 목사님의 기도만 들어주신 것이 아니라 지금도 최상규 장로님의 기도를 들어주십니다.

"너희는 말씀을 행하는 자가 되고 듣기만 하여 자신을 속이는 자가 되지 말라"(약 1:22).

야고보 사도의 말씀이 축복의 말씀임을 믿으며 늘 옆에서 기도하고 함께 있을 것을 약속드립니다. 하나님께서 부르시는 날까지 구속의 은혜에 감격하는 천국의 삶을 소망하는 이에게 기쁜 마음으로 이 책을 추천합니다.

정형채 장로 샘물교회

누군가 자신의 삶을 세상 앞에 온전히 드러낸다는 것은 결코 쉬운 일이 아닙니다. 그러나 이 책을 통해 최상규 장로님께서 보여주신 귀한 간증은, 하나님께서 어떻게 우리의 삶을 통해 일하시고 그분의 뜻을 이루어가시는지를 깊이 있게 보여주셨을 뿐만 아니라, 선한울타리 사역의 진정한 의미를 새롭게 깨달을 수 있었습니다.

세상으로부터 단절되고 편견 속에 살아가는 자립준비청년에게 꿈을 심어주고 함께 살아가는 길을 열어주는 이 사역은 하나님께서 이 땅에 세우신 아름다운 공동체의 모습이라 믿습니다.

삶의 고난과 상처를 통해 빚어진 장로님의 이야기는 단순한 간증을 넘어, 하나님의 은혜가 어떻게 사람을 변화시키고 또 다른 생명을 살리는 도구가 되는지를 보여줍니다. 지금도 외롭고 낙망 가운데 있는 자립준비청년에게 하나님의 따뜻한 손길이 닿기를 소망하며, 이 사역에 함께하고 싶은 분들뿐만 아니라 하나님을 경험하는 삶에 도전하고 싶은 모든 분에게 이 책을 진심으로 추천합니다.

이 책은 단순한 읽을거리가 아니라, 누군가의 삶을 통해 하나님께서 우리에게 건네시는 사랑의 초대장입니다.

홍경민 장로 사단법인 한국입양홍보회 회장·지구촌교회

선한 사마리아인의 비유는 오랜 세월 많은 설교자와 신학자들에 의해 회자되고 인용된 예수님의 대표적 비유 말씀입니다.

어느 율법학자가 예수님을 시험하기 위해 영생에 관한 질문을 던지자 예수님은 그의 눈높이에 맞추어, "율법에는 무엇이라 하더냐"라고 되물으셨습니다. "네 마음을 다하며 목숨을 다하며 뜻을 다하여 주 너의 하나님을 사랑하고 또한 네 이웃을 네 몸과 같이 사랑하라"라고 되어 있다고 대답한 율법학자는 재차 "그러면 누가 내 이웃입니까"라고 묻습니다.

그러자 예수님은 이 위선적인 율법학자에게 선한 사마리아인의 비유를 들려주시며 하나님나라 백성이 이제는 말과 혀로만 믿음을 이야기하지 말고 '내미는 손과 움직이는 발'로 실제적 자비를 베푸는 이웃이 되기를 요청하셨습니다. 하나님 사랑과 이웃 사랑의 율법적 명령이 실천적 행동으로 실현되기를 원하신 것입니다.

긍휼은 하나님이 주신 인간을 향한 하나님의 마음입니다. 행동하는 믿음 또한 인간의 결단이기는 하지만 성령님의 임재하심이 필요하다고 믿습니다.

마땅히 도울 것으로 기대했던 제사장과 레위인은 피하여 지나가는데, 사마리아인은 강도당한 자에게 다가가 기름과 포도주를 그 상처에 붓고 싸매고 자기 짐승에 태워 주막으로 데리고 가 돌봐주었으며 가진 재물과 시간을 기꺼이 나누었습니다.

선한 사마리아인처럼, 75년 전 전쟁통에 부모를 잃은 어린 영혼들에게 가진 것을 나누어주고 집으로 데리고 와 먹이고 씻기고 상처를 치료해준 젊은 사역자의 실천적 믿음이 오늘의 임마누엘 영육아원을 있게 했습니다.

하나님의 마음을 품고 두 아이를 입양한 것을 시작으로, 2015년 1월부터 임마누엘 영육아원을 퇴소한 두 명의 자립준비청년에게 따뜻한 이웃이 되어주신 최상규 장로님의 선한울타리 사역은 이제 오병이어의 기적을 일으켜, 250여 명의 자립청년과 보호연장, 탈북 2세 등 도움이 절실한 강도당한 자와 같은 대한민국의 청년들에게 선한 사마리아인으로서의 역할을 잘 감당하고 있습니다.

준비된 자, 최상규 장로님의 헌신을 통해 샘물교회 아프간 순교 사건의 열매를 거두고 계신 주님의 역사에 감사와 찬양을 올려드립니다. 또한 주님 안에서 세월을 잊은 '믿음의 순수청년' 최 장로님과 그의 정신적 지주이신 곽형선 집사님 두 분의 사역이 대한민국 자립준비청년에게 희망의 빛이 되어주심에 깊은 감사와 존경의 마음을 보냅니다.

이 책을 통하여 선한울타리의 지경이 더 넓어지고 오늘보다 더 큰 내일의 열매를 맺으시리라 확신합니다. 감사합니다. 사랑합니다. 축복합니다.

이신경 원장 임마누엘 영육아원

2016년 신명보육원의 원장으로 부임하면서 제 마음을 가장 무겁게 한 것은 퇴소 아동들의 미래였습니다. 준비되지 않은 채 떠밀리듯 세상에 나가는 아이들의 현실을 보며 늘 안타까운 마음이 들었습니다. 바로 그때, 구세주처럼 다가오신 분이 선한울타리의 최상규 장로님이었습니다.

선한울타리를 통해 아이들은 안전한 주거와 정서적 돌봄, 경제적 도움, 신앙, 법적 문제 등 삶에 꼭 필요한 도움을 받으며 자립을 향해 한 걸음을 내디딜 수 있었습니다.

장로님은 오랜 시간 동안 아이들을 기다리고 이해해주시며, 때로는 단호히 훈육하며 그들이 '어른아이'에서 '진짜 어른'으로 성장해가도록 곁을 지켜주셨습니다. 그 결과, 많은 아이가 직장을 얻고 가정을 이루며 사회의 귀한 일원으로 살아가고 있습니다.

이 책을 읽으며 장로님이 왜 자립준비청년에 그토록 진심이신지 알게 되었고, 순간마다 하나님께서 함께하셨음을 느끼며 큰 감동을 받았습니다.

오늘날 자립준비청년을 위한 국가정책이 발전했음에도 여전히 많은 청년이 고독과 외로움 속에 살아가고 있습니다. 그렇기에 선한울타리의 사역은 더욱 소중합니다. 하나님의 귀한 일로서 더 널리 확장되어, 도움이 필요한 자립준비청년에게 따뜻한 품이자 든든한 동반자로 언제나 함께해주시기를 진심으로 소망합니다.

최선주 원장 신명보육원

저는 다섯 살에 보육원에 입소하여 어린 시절을 보냈습니다. 성장 과정에서 겪었던 수많은 어려움 가운데 특히 형들에게 당한 괴롭힘은 제게 깊은 상처로 남았고, 대학에 진학했을 때도 남자 선배들의 기합과 억압적인 분위기가 제게 큰 두려움이 되었습니다.

그래서인지 지금까지도 사회생활 속에서 '형'이라는 존재는 어색하고 부담스럽게만 다가옵니다. 그러나 세상에서 단 한 분, 제가 마음 깊이 '형'으로 삼고 싶다고 고백할 수 있는 분이 있습니다. 바로 선한울타리의 최상규 대표님입니다.

대표님은 2015년 선한울타리 사업을 시작하시며, 저와 같은 환경에서 성장한 수많은 자립준비청년을 누구보다 먼저 품어주셨습니다. 저 역시 후배들을 돕기 위해 상담과 지원을 이어가고 있지만, 대표님은 어떠한 연고도 없음에도 10년이라는 긴 세월 동안 한결같은 마음과 지극한 정성으로 청년들을 돌봐오셨습니다.

때로는 거칠고 철없는 청년들로 인해 마음의 아픔을 겪기도 하셨지만, 포기하지 않고 끝까지 사랑으로 품어내신 대표님의 모습은 진정한 어른의 길을 보여줍니다.

이 책은 바로 그 눈물의 역사와 헌신의 발자취, 그리고 하나님께서 함께 하신 은혜로운 여정을 담고 있습니다. 또한 오늘날 자립준비청년을 돕고자 하는 이들에게 어떠한 마음가짐과 노력이 필요한지를 알려주는 소중한 길잡이가 될 것입니다.

저는 간절히 바라는 마음으로 이 책을 추천합니다. 더 많은 분이 이 책을 통해 자립준비청년의 현실을 깊이 이해하고, 나아가 국가정책과 사회제도가 개선되어 이들에게 실질적이고 지속적인 도움이 마련되기를 기도합니다. 최상규 대표님의 헌신과 사랑의 흔적이 이 책을 읽는 모든 이의 마음에 따뜻한 울림과 깊은 감동으로 남기를 소망합니다.

이성남 대표 한국고아사랑협회 회장·김천교육지원청 장학사

하나님께 받은 위로로써
환난을 당한 이에게 위로를 전합니다

글이 나오려면 마음속에 무언가가 고여 있어야 하는데, 내 마음에 고인 것이 있는지, 또 그것이 자기연민이나 후회가 아니라 하나님께 대한 감사로 채워져 있는지 주님께 여쭙는다.

"하나님.
제가 감히 저의 인생 가운데 함께하신 하나님의 은혜를
온전히 글로 표현할 만큼 성숙해져 있나요?"

이 책은 바로 이 질문에서부터 출발하고자 한다.
나이를 꽤 먹은 후에도 스스로 돌아보건대 종종 '나의 인생이 참 평범하지 않았구나' 하는 생각이 들곤 했다. 그런데 그런 생각이 들다가도 '나보다 더 힘든 인생을 살았을 크리스천이 얼마나 많을 텐데…'라는 생각에 미치면 곧 다시 겸손해지곤 했다.

처음에 책을 써보라는 제안을 받고, 부끄럽지만 그래도 써보겠다고 결정한 순간부터 내 인생의 어느 지점에서부터 이 글을 시작해야 할지 고민이 되었다. 거기까지 생각이 미치는 순간 이 책을 써야 하는 이유를 조금은 찾은 것 같았다.

이 책을 쓴 목적은 내 인생을 알리려는 것이 아니라, 길바닥의 쓰레기만도 못한 내게 이 땅의 자립준비청년을 도우라는 사명을 주시고 여기까지 이끄신 하나님의 행하심을 자랑하기 위함이다.

2025년은 선한울타리 사역을 시작한 지 만 10년이 되는 해다. 그동안 책을 써보라는 권유를 여러 번 받았으나 책을 쓸 능력도, 용기도 없었다. 특히 천성이 겸손한 아내의 반대가 커서 시도조차 하지 못했다.

아내는 이 선한울타리 사역이 최상규 개인이 수고해서 세워나가는 개인의 사역으로 비치는 것을 늘 경계했기 때문에, 책을 쓰면 내가 더 부각되어 보이지 않는 곳에서 섬겨주시는 다수의 멘토, 울타리팀 성도님들의 수고가 감춰질 것을 염려했다.

그러던 어느 날 규장출판사의 여진구 대표님이 내게 만남을 청하셨다. 사역 이야기를 다 들으신 후 자립준비청년의 이야기와 이들을 바르게 도울 방법을 알려야 한다며 책을 쓸 것을 권하셨으나, 나는 아내의 허락이 있어야 책을 쓸 수 있다고 솔직하게 말씀드렸다.

내가 잊을 만하면 동역자인 아내가 침놓듯이 하는 말이 있다.

"선한울타리 사역 가운데 함께 수고하시는 분들이 있음을 기억하고, 그분들이 계셔서 이 사역이 가능함을 잊지 마세요."

그런 아내에게 나와 사무처의 김해진 간사님은 이번 책 발간을 통해 대한민국의 교회와 성도님들에게 자립준비청년 사역을 홍보하자고 설득했고, 결국 아내는 같은 말로 반복하여 당부한 끝에 글 쓰는 것을 동의해주었다.

사랑하는 아내이자 동역자인 형선에게, 또한 함께하는 모든 분에게 감사하는 마음으로 글을 쓰기 시작했고, 무언가에 이끌리듯, 허락하신 시간 안에 생각을 정리하며 원고를 마무리할 수 있었다.

이 책이 지난 10년 동안 선한울타리를 시작하고 함께해주신 하나님께 올려드리는 작은 선물이 되었으면 한다.

하나님은 우리가 여러 가지 환난을 당할 때 위로해주셔서, 우리가 하나님께 받은 위로로써 여러 환난을 당한 사람들을 위로할 수 있게 하셨습니다. 고후 1:4 쉬운성경

최상규

Good Haven

선한울타리는 선한(Good) 사마리아인의 마음으로
자립준비청년들을 위한 울타리(Haven)가 되어
그들의 자립을 지원하는 꿈을 품고 시작된
기독교 비영리단체입니다.

2025년 현재 28개 동역교회와 함께
약 250명의 청년을 멘토링하고 있으며
자립준비청년을 비롯한 가정 밖 청년들과
동역교회의 사역을 지원하는
(종교) 사단법인으로 새롭게 출발했습니다.

차 례

PART 2 마음들이 모여 세운 큰 울타리

에필로그

선한울타리 사역 및 후원 안내

작은 손길들이 함께 세워온 하나님의 울타리

PART **1**

고난 속에
빚어진
삶의 토대

chapter 1

가난한 희망, 어른이 없는 세상

작은집

자신의 어릴 적 기억을 재미있게 이야기하는 분을 보면 참 부럽다. 안타깝지만, 나는 아주 인상적이었던 몇 장면을 제외하고는 머릿속에 유소년기의 기억이 거의 존재하지 않는다. 시간이 많이 지나고 한 상담가분을 통해 생애 가운데 고통스러운 시간을 가졌던 사람은 살기 위해 그 시기의 기억을 스스로 지운다는 사실을 알게 되었다. 슬프지만 나는 살기 위해, 아니 죽지 않기 위해 내 기억 속에서 끔찍했던 과거의 파편들을 지우려다가 유소년기를 통째로 지운 것 같다.

　내 어릴 적 기억을 더듬어보면, 서울 성북구 종암동의 작은 단독주택에서 아버지, 어머니와 함께 살았다. 초등학교 입학 전의 유년기였지만 어느 정도 나이가 들고 현실분별이 되는 순간부터 나의 가정이 친구들의 가정과는 다른 구조라는 것을 깨닫게 되었다. 아버지는 부인이 둘이었고, 어머니는 두 번째 부인이었다. 큰집에는 누나 둘과 형이 있었고, 우리 집에는 나만 있었다.

언젠가부터 우리 집에는 큰어머니와 작은딸이 다녀가곤 했다. 나이 차이가 두 살밖에 나지 않는 작은누나와 나는 만나면 사소한 문제로 다투곤 했는데, 그분들이 놀아가면 나는 언제나 어머니에게 호되게 야단을 맞았다. 감히 큰집의 누나와 다툰 것이 첫 번째 이유였고, 나는 항상 양보해야 했는데 그걸 지키지 않은 것이 두 번째 이유였다. 어렸지만 나는 화가 나고 속이 많이 상했다.

집안이 유복했어도 내가 사고 싶은 것 중 가격이 조금이라도 나가는 것은 새것을 살 수 없었고, 언제나 큰집 형제들이 쓰다가 물려주는 물건을 받았다. 어머니는 항상 큰집의 눈치를 많이 보신 것 같다. 그 시절 나는 친구네를 놀러 가면 우리 집보다 가난해도 아버지가 한 명, 어머니가 한 명인 가정이 제일 부러웠다.

초등학교에 입학하여 가정 조사지를 쓰면서, 나름 영특했던 나는 부모의 이름을 적는 칸에 친모의 이름 대신 큰어머니의 이름을 적어야 하는 것을 알게 되었다. 당시 호적(가족관계증명서)이 뭔지도 몰랐지만, 나는 큰어머니의 호적에 막내아들로 이름이 올라가 있었으며, 내 나이 마흔이 넘어 큰어머니가 돌아가신 후에야 소송을 통해 평생 주민등록등본에 동거인으로 있던 친모의 이름을 가족관계증명서의 어머니 칸에 올릴 수 있었다.

어머니는 어려서 조실부모하고 큰오빠의 집에서 식모처럼 천덕꾸러기로 살다가 올케에게 '도둑년'(어머니 본인의 표현)으로 몰려 쫓기듯 서울에 올라와 큰언니 집에서 얹혀살았다.

어릴 적 잠자리에서 들은 아버지의 이야기를 더듬어보면, 아버지는 우연히 집 앞 버스 정류장에 서 있는 어머니를 보고, 그때부터 자신을 총각이라고 속이고 쫓아다닌 끝에 어머니와 살림을 차렸다. 안타깝지만 어머니는 나를 임신한 후에야 남편이 부인 있는 남자라는 것을 알게 되었다.

지금은 고인이 되신 내 아버지는 막내아들을 사랑하신 아버지로, 어린 시절의 나와 몸으로 놀아주시고 자식에게는 평생 매 한 번 대지 않으셨지만 안타깝게도 어머니에게는 가정폭력을 행사하는 나쁜 남편이었다. 어머니는 자신의 속상한 처지를 술로 해소하였고, 어머니가 술에 취한 날에는 어김없이 아버지의 심한 가정폭력이 반복되었다.

어려서 이런 상황이 반복되는 것이 안타까워 울면서 어머니에게 술을 끊으라고 사정해보았지만, 어머니의 대답은 늘 한결같았다.

"술이라도 마시지 않으면 죽을 것 같다. 술 없이는 이 집안에서 살 수 없다."

할아버지가 돌아가신 후, 어머니는 둘째 부인이었지만 큰아들의 부인이라는 이유로 본가로 들어가 할머니를 모시며 살았고, 할머니께 최선을 다하는 착한 며느리였다.

교회로의 첫발

우리 집은 할아버지 때부터 불교를 믿었다. 할아버지가 돌아가셨을 때 정말로 성대한 불교식 장례를 치렀고, 서울의 조계사에서 제일 염불을 잘하고 잘생긴 스님이 장례 기간 내내 큰 한옥집 마루에서 염불을 했던 기억이 난다. 그런 우리 집에 내 나이 열세 살 때 큰집으로부터 갑자기 기독교로 개종하라는 요구가 날아왔다.

큰어머니는 몰래 교회에 나가는 큰딸과 아들을 엄청 핍박하셨는데, 집안의 둘째이자 장자인 이복형이 재수를 하면서 우리 가정의 종교에 큰 전환점이 생겼다.

형은 아들을 위해 절로 치성을 드리러 가는 큰어머니에게 "나를 위한 기도라면 절이 아니고 교회에 가서 드리면 좋겠다"라고 용기를 내어 말했고, 아들의 그 한마디에 큰어머니는 바로 집 근처의 교회에 나가기 시작하셨다. 그래서 작은집인 우리 집도 교회에 나가게 된 건데, 둘째 부인을 본인과 같은 교회로 출석하게 한 큰어머니의 결정이 정말 이해되지 않았고, 지금 생각해도 어이가 없다.

나이 들어 성경을 읽다가 유다와 며느리 다말 사이에 아들 베레스가 태어나는 부분(창 38장)에서 '성경에 이런 이야기도 기록해야 하나?' 싶어 얼굴이 화끈거린 기억이 난다. 더구나 베레스는 예수님의 족보에 나오는 인물인데 말이다. 그래서 나의 숨기고 싶은 전도 이야기는 성경으로 인해 위로가 되었다.

큰어머니의 강요로 어머니와 나는 서울의 동안교회에 출석하게 되었고, 나는 초등부 예배를 드리게 되었다. 지금도 기억하는 초등부 예배는 교육목사님이 손으로 만든 시청각 교재를 가지고 주일마다 재미있는 설교를 해주셨는데 매주 초등부 예배에 출석하는 것이 얼마나 즐거웠는지 모른다. 예배를 드리고 귀가하면 그날 들은 설교를 어머니께 조잘조잘 떠들며 이야기했던 기억이 난다.

부모에게 배우지 않았음에도 매일 밤 잠들기 전에 하나님께 기도했으며, 기도할 때면 온몸이 뜨거워졌다. 당시에는 왜 기도하는 중에 몸이 뜨거웠는지 가족 중 아무도 이유를 말해주지 못했지만, 시간이 지난 후 그때(어린 내가 기도할 때) 성령님이 함께하셨음을 깨닫고 감사하게 되었다.

떠날 수 없던 집, 머물 수 없던 마음

호적에 큰어머니의 아들로 올라 있다 보니 주민등록도 큰집 주소로 되어 있어서 중학교를 집 앞의 학교가 아닌 큰집 근처의 학교로 배정받았다. 축구부 친구들을 제외하고는 내가 졸업한 초등학교에서 나 혼자만 버스를 타고 다른 동네로 중학교를 가게 되어, 중학교 1학년 내내 아는 친구가 한 명도 없는 외로운 학창 시절을 보내야했다.

초등학교 내내 제법 공부를 잘했지만, 낯선 중학교 환경에서 모르는 아이들과 수업을 듣다 보니 주눅이 들었고, 누구도 알아주지 않는 무명의 존재가 되어 자존감은 낮아질 대로 낮아졌다. 그런 데다가 아버지는 습관적으로 과음을 하는 어머니를 때렸고, 큰어머니와 어머니 간에 남편으로 인한 갈등이 생기면 어린 나는 마음이 정말 힘들었다.

그때마다 피해자인 어머니가 아니라 가해자인 아버지 입에서 헤어지자는 협박이 있었는데, 배움이라고는 초등학교 2학년이 전부인 데다 경제력까지 없었던 어머니는 폭력을 당하고도 언제나 사과를 해야 하는 억울한 신세였다. 그런 상황이 반복되면서 나는 솔직히 고통 없이 죽을 수만 있다면 죽고 싶다고 생각할 만큼 심리적으로 위축되어 있었다.

한옥집 별채에 내 방이 따로 있었다. 하루는 자는 중에 이상한 느낌이 들어 눈을 떴는데, 통유리로 된 무거운 문이 바로 내 얼굴 위로 떨어지고 있었다. 다행히 떨어지는 유리문을 두 팔로 막아 큰 사고를 면할 수 있었다. 어린 나이였지만 위기의 순간에 눈이 떠져 무거운 문을 팔로 막지 않았다면 정말로 크게 다쳤을 거라는 것을 깨닫자 더는 자살을 생각하지 않게 되었다. 돌이켜 보면 하나님께서 그 짧디짧은 순간에 큰 사고를 면하게 하시고 나의 어리석은 생각을 멈추게 하신 것에 그저 감사할 뿐이다.

당시 아버지의 지인 한 분이 우리 집을 자주 방문하여 아버지와 장기를 두곤 하셨다. 선직 공무원으로 미국과 한국을 오가며 생활하셨고, 부인과 여러 자녀를 두신 분이었다. 우리 가정의 상황을 알고 나를 눈여겨보신 그 분은 아버지에게 나를 입양하여 미국으로 데려가고 싶다고 제안하셨다.

어머니는 조심스럽게 나의 의사를 확인하셨고, 작은집에 살며 가정폭력을 일삼는 아버지에게 힘이 들었던 나는 두말할 것 없이 미국으로 입양 가고 싶다고 말했다. 그러나 나의 입양 건은 큰집에까지 알려졌고, "먹고살 만한 집에서 왜 자식을 미국으로 입양 보내냐"라는 이복형의 반대로 무산되었다.

이후로 가정환경으로 마음이 힘들 때마다 해외입양의 기회를 막은 어른들의 결정을 원망했다. 시간이 흘러 내가 입양부모가 되고, 해외입양 아들의 삶을 알게 되면서 그때 입양되지 못한 것이 더욱 아쉬웠다.

자립준비청년 사역을 할수록 아이들에게는 가정이 필요하고, 아이에게는 '낳아준 부모'가 아니라 '좋은 부모'가 필요하다는 것을 깊이 느끼게 된다. 아이를 진심으로 사랑하는 부모가 있는 가정이야말로 아이들에게 가장 필요한 울타리라고 확신한다.

열일곱 살의 간절한 기도

부모님에 대한 기억을 더듬어보면, 안타깝지만 주기적인 가정폭력과 헤어지겠다는 협박, 나를 사생아(아버지가 없는 자식)로 만들겠다는 협박의 반복이었다.

사실 내 부모님은 사실혼 관계여서 이혼이라는 단어는 성립되지 않았고 언제든 두 사람이 마음만 먹으면 깔끔하게 헤어질 수 있었다. 문제는 아버지의 편집증적 집착이었다. 자신에게는 "너 없으면 못 산다, 사랑한다" 그런 표현이었겠지만 자식인 내 입장에서는 아무런 책임도 져줄 수 없는 신분에서 그저 집착하는 것으로밖에 보이지 않았다.

부모님은 내가 학교에 가는 시간에도, 심지어는 시험을 보러 가는 날에도 서로 심한 욕을 하고, 때로는 일방적으로 폭력을 행사하고 맞는 상황을 반복했다.

고등학교 1학년 때였다. 그날 아침도 두 분의 다툼은 평상시의 수위를 넘어서 심해지더니 급기야 아버지는 어머니에게 폭력을 가했고, 아버지의 입에서 "이젠 그만 헤어져야겠다"라는 말이 나왔다.

나는 그런 상황에서도 학교에 가기 위해 집을 나섰고, 버스를 타고 가는 내내 '부모님이 헤어진 후 앞으로 어떻게 살아야 하나' 하는 깊은 불안과 두려움에 빠졌다. 아버지는 헤어지자는 말을 하면 언제나 어머니에게 나를 두고 가라고 했기 때문에 나는 항상 두 분이 헤어지면 엄마없는 아들로 할머니나 큰어머니 손에 길러져야 한다는 생각에 큰 불안을 느꼈다.

그날 아침, 버스를 타고 가며 정말 하나님께 간절히 기도했다.

'하나님, 저희 부모님이 절대로 헤어지지 않게 도와주세요.'

엄마가 없다는 생각만 해도 정말 죽을 것만 같았다. 항상 부모님 간의 심한 다툼과 반복적으로 헤어진다는 협박을 받으며 자랐지만, 열일곱 살은 여전히 부모, 특별히 엄마의 부재를 감내하기에는 너무 두려운나이였다. 지금 육십이 다 된 나이에도 여전히 이날 버스 안에서의 모습까지 어렴풋이 기억나는 것은, 어릴 적 반복된 경험 탓에 정말로 죽을 것만 같았던 당시의 심리 상태가 너무나도 심각하고 강력하게 나를 지배했기 때문이라고 짐작된다.

나는 아동양육시설을 방문할 때마다 그곳에서 생활하는 유소년, 청소년들이 부모와 분리되어 시설에서 생활하는 것이 당사자들에게 얼마나 큰 상처가 될까 생각하며 나의 열일곱 살, 그때의 기억을 떠올린다.

나는 실제로 실현되지도 않은 상태에서 상상만으로도 그토록 죽을 것만 같은 두려움에 하나님께 간절히 기도했지만, 실제로 부모와 헤어지고 시설로 보내지는 과정에서 아이들이 겪었을 마음의 상처를 생각하면지금 이 순간도 가슴이 뻐근하고 마음이 아프다.

그날 오후 수업이 끝나고 귀가해보니 부모님의 다툼은 여느 때와 같이 봉합되고 헤어진다는 소리도 쏙 들어갔기에 난 정말 큰 안도감에 안심했던 기억이 있다. 아이들의 마음은 이렇게 연약하다. 부모의 상태에 따라 심하게 요동을 친다. 그런데 그 요동이 너무 잦다 보니 견디기가 어려웠다.

불편한 가난, 힘겨운 대학생활

어려서부터 일본인이 운영하는 가게에서 점원으로 일하며 성실함이 몸에 배었던 할아버지는 멀리 만주까지 오고 가는 무역업을 통해 큰 부를 일구셨다. 서울에서 건축업을 하며 집도 여러 채 소유하셨던 할아버지는 장남인 아버지에게 본인의 표현대로라면 '3대가 먹어도 남을' 유산을 남기고 가셨다.

그렇지만 아버지는 물려받은 부를 지키지 못했고, 약 10년이 지나 내 나이 열일곱이 되는 해부터 가세가 기울기 시작했다. 결국 내가 열아홉, 고등학교 3학년이 되던 해에 아버지와 어머니는 할아버지가 물려주신 집을 팔고, 선산이 있는 경기도의 어느 마을, 선산 관리인이 살던 집으로 들어가 살게 되었다.

시골로 이사 간 나는 이른 새벽이면 자전거를 타고 버스 정류장으로 나가서 버스를 타고 1시간이 넘게 걸리는 서울의 고등학교로 통학을 해야 했다. 학교 앞에 있던 큰어머니 집에서 잠시 거주해보았지만, 거리는 멀어도 어머니와 함께 사는 것이 마음이 편했다.

집에 돈이 있을 때는 어려서 돈이 그다지 필요하지 않았는데, 스물이 가까워 돈이 필요한 나이부터 시작되어 결혼 전까지 10년이 넘도록 겪었던 재정적 어려움은 젊은 나이에도 참 힘들고 불행하게 느껴졌다. 그 시절 가난으로 인한 불편함이 기억 속에 각인되어 그런지, 결혼 후 함께 사는 아내와 자녀에게도 인색하게 되는 실수를 범하곤 했다.

고3 수험생 시기에 경기도에서 서울로 원거리 통학을 하다 보니 안타깝게도 대학 입시에서는 예상보다 좋은 성적이 나오지 않았다. 크게 실망해 재수하고 싶었으나, 우리 집은 재수학원을 보낼 형편도 안 되었다. 그 무렵, 대전에서 선교사 훈련을 받고 있던 이복형이 "너를 두고 기도하는 중에 한국외대 중국어과에 입학하면 좋겠다는 응답을 받았다"라며 생각해보라고 했다.

사실 아무리 시험 성적이 낮아도 거기는 점수가 너무 남았고, 내가 다닌 고등학교 바로 옆에 있는 대학이라 별로 내키지 않았다. 그런데 이상하게 뭔가에 이끌리듯, 원서 접수 마감일도 아닌 하루 전날, 함박눈이 펑펑 내리던 날에 눈치작전도 해보지 않고 형이 말한 대학에 원서를 냈고 무난히 합격했다.

1987년 학생운동이 한창이던 때 시작한 대학생활은 시국 상황으로 인해 첫 학기 중간고사 이후로 모든 수업과 시험이 중단되었다. 가난한 가정형편에 장학금을 꼭 받아야 했는데, 중국어과는 다행히 나에게 잘 맞아서 첫 학기부터 장학금을 받았다.

그래도 전액 장학금은 아니다 보니 어머니는 언제나 부족한 금액을 친구에게 빌려서 매번 추가등록 기간에 간신히 등록금을 납부해주셨다. 대학원 석사과정 2년을 합쳐서 6년간 참 힘겹게 공부를 이어갔다.

대학교 2학년을 마친 후 군대에 가려고 신체검사를 받았으나 고도 근시로 군 면제가 되었다. 부족한 학비를 벌려고 방학 동안 전단지를 돌리는 아르바이트를 하다가 그만 교통사고로 다리 골절을 당해 할 수 없이 한 학기를 휴학하고, 입원해있는 동안 진로를 두고 하나님께 기도로 매달렸다. 대학 졸업 후 취업할지, 대학원에 가서 공부할지 선택의 갈림길에서 하나님께 인도하심을 구했다. 태어나서 처음으로 나의 진로를 두고 가장 진지하게 기도했던 것 같다.

두 달 동안 꼼짝없이 병상에 매여 기도하는 동안 하나님은 내게 대학원 진학으로 마음을 정하게 하셨다. 복학 후 대학원 진학을 목표로 하다 보니 전공 공부에 더욱 몰입하게 되었고, 다행히 전공은 아주 잘 맞고 공부가 재미있었다.

돌이켜 보면 내 인생에서 가장 행복한 시간의 출발이었던 것 같다. 대학교 2학년 때부터 교회에서 유년부 교사로 봉사를 시작했는데 여기에도 재미를 붙여서 매주 예배와 봉사를 빠짐없이 나갔다.

내가 대학에 들어간 후에도 어머니는 아버지의 부재를 틈타 폭음을 일삼았고, 그때마다 아버지의 가정폭력은 계속되었다. 나는 몸이 자라고 힘이 생기면서 아버지가 어머니를 때리지 못하도록 말리는 입장이 되었고, 아버지에게 반복해 맞서면서 결국 아버지가 사랑하는 막내아들에서 아버지에게 미움받는 아들이 되어가고 있었다.

그런 와중에도 대학생활은 비록 가난했지만 꿈이 있었고, 교회 공동체에 뿌리를 내리며 행복한 20대를 보내고 있었다.

행복했던 대학원 시절

기도하는 가운데 주신 마음으로 대학원 진학을 결정하고 3학년에 복학한 후 나는 전공필수 과목에 더욱 흥미를 갖게 되었고, 특별히 더 관심이 있었던 중국고전문학 과목을 선택해 공부에 매진했다.

전공 공부와 세상 즐거움에 빠져 있던 나는 예배에 참석하고 유년부 봉사는 해도 기독교 동아리나 교회 청년부에는 가지 않았는데, 대학교 4학년이 되던 무렵에는 청년부에서 좋은 조장 누나와 조원들을 만난 덕분에 매주 청년부 모임에 나가서 나눔을 하고 대학원 입시를 기도로 준비했다. 믿음이 깊지 못하니 함께하는 사람들이 좋으면 열심히 하는 그런 시기였던 것 같다.

당시 청년부 조장 누나는 나보다 나이가 몇 살 많은 비슷한 또래였지만 매우 성숙한 분이었다. 힘들 때마다 지혜롭고 적절한 조언을 해주었고, 이후에 진로를 상담할 때는 기도를 많이 하고 나를 위해 바른 조언을 해주었는데 그때 나는 들을 귀가 열리지 않아서 그 말이 귀에 들어오지 않았다.

4학년이 되면서 하나님은 내게 교수님 연구실에 수직생(학과사무실에서 일정 시간 근무하며 학과 행정 및 행사 업무를 돕는 학생을 가리키는 한국외대만의 특별한 용어)으로 들어갈 기회를 주셨다. 대학원 박사과정의 선배들을 만나게 하시고, 그분들과 석사과정 시험을 준비하는 스터디로 인도하셨다.

착실하게 대학원 준비를 하여 대학 졸업 후 무리 없이 대학원에 진학했다. 대학원에 들어가며 대학교수가 되겠다는 꿈을 꾸었다. 대학교수가 되어 만나는 학생들에게 복음을 전하는 행복한 상상을 하곤 했다. 대학원에 입학하여 공부한 3학기, 석사논문을 준비한 1학기는 지금도 내 인생에서 가장 행복한 시간으로 기억된다.

공부는 재미있었지만, 가난은 늘 내 발목을 잡았다. 매 학기 등록금을 마련하기 위해 학과장실 조교를 해야 했고, 당시 학생이 할 수 있는 아르바이트가 한정되어 있던 시절이라 외고생에게 중국어를 가르치는 과외를 하거나 장학금을 타야만 했다. 대학원의 장학금은 성적 장학금이 아니라 입학 순서대로 돌아가며 받는 것이었는데, 이 장학금 때문에 학과장 교수님 앞에서 눈물을 쏟아야 했다.

대만에서 오랫동안 공부하고 귀국하신 연로한 교수님은 독실한 불교 신자로 식사 전에 꼭 손을 모아 기도하셨다. 하루는 함께 식사를 하려는데 교수님이 내 종교를 물으셨다.

"기독교입니다."

"그런데 왜 기도를 안 하지? 그럼 최 군도 기도해."

나는 그때 교회를 다닌 지 12년이 넘었어도 여전히 밖에서 사람들과 식사할 때 식사기도하는 것을 힘들어했다. 솔직히 표현하자면, 부끄러워했다. 당시 교수님의 "최 군도 기도해"라는 말 한마디가 아직도 기억에 남아 있는 것은 나의 부끄러움이 그만큼 컸다는 증거일 것이다.

내가 출석하는 샘물교회의 채경락 담임목사님은 설교와 제직 헌신 교육 중에 "식사기도는 신앙의 고백"이라며, 내가 예수님을 믿는다는 사실과 내가 믿는 예수님을 부끄러워하지 않는다는 것을 행동으로 고백하는 것이라고 하셨다. 그 말씀에 철저하게 동의한다.

그렇게 예의 바른 교수님이 대학원 장학금 문제로 내게 화를 내시는 상황이 발생하고 말았다. 당시 나는 정말 가난하고 힘들었는데 겉으로는 그렇게 보이지 않았나 보다. 학과상실 조교로 적으나마 힉기마다 돈을 받고 있으니 교수님은 돌아가며 받는 대학원 장학금을 나보다는 다른 학생에게 줘야 한다고 생각하신 것 같다.

관례대로라면 이번 장학금은 내 순서였다. 대학원 선배 한 분도 조교를 하며 돈을 받았어도 순서대로 돌아온 장학금을 받은 전례가 있어서 나는 당연히 그 장학금을 받아야 한다고 생각했다. 게다가 너무나도 궁핍했던 때라 그 장학금이 아니면 석사논문을 인쇄할 돈이 없었다.

장학금을 포기하라고 종용하시는 교수님에게 나는 할 수 없이 나의 어려운 형편을 솔직하게 말씀드렸다. 어린 니이에 가정형편을 이야기하는 것이 부끄러웠던 나는 교수님 앞에서 그만 눈물을 왈칵 쏟고 말았다. 그런데 당황한 교수님은 사정을 듣고 오히려 화를 내셨다. 내가 처음부터 솔직하게 내 처지를 말하지 않아서 그 사정을 몰랐던 자신이 장학금을 포기하도록 종용한 나쁜 사람이 되었다는 게 이유였다.

부끄러운 마음에 눈물이 쏟아지는 중에도 위로 대신 질책을 받아야 하는 상황이 힘들었지만, 무사히 장학금을 받고 그 돈으로 석사논문을 인쇄할 수 있었다.

그 교수님과 나 사이에는 아직 사연이 남아 있었다. 가난한 나는 서둘러 석사논문을 4학기 안에 마치려 했고, 그러자면 그 시기에는 학과 조교를 그만두고 석사논문에만 집중해야 했다. 그래서 사정을 말씀드리고 조교직을 그만두려는데 교수님이 나를 불러 진지하게 말씀하셨다.

"네가 나중에 들어온 대학원생 조교보다 일을 잘해서 네가 필요하다. 다음 학기부터는 새로운 학과장님이 오시는데 네가 남아서 학과장실 조교를 한 학기 더 하면 좋겠다."

내 마음은 너무 급한데 그 분은 내 석사논문보다 학과장실 업무가 더 중요하다고 여기시는 것 같았다. 교수님은 대만에서 공부하실 때 학교에서 학생들을 가르치며 천천히 학위를 하셨던 분이라 그런지 매사에 급한 게 없으셨다. 그 때문인지 나 역시도 천천히 일하면서 논문을 준비하면 된다고 생각하신 것 같다. 나는 급한 사정을 이야기했지만 왜 이렇게 서두르냐고 야단만 맞고 나왔다.

결국 나는 그 학기를 마친 후 교수님에게 말씀도 드리지 않고 학과장실 조교를 그만두었다. 본인의 지시에 불응한 나를 얼마나 괘씸하게 여기실까 하는 염려도 있었지만, 논문을 미룰 마음의 여유가 없었다.

돌이킬 수만 있다면

나의 스물여섯 살···. 글을 쓰려다 가슴이 먹먹하여 한 글자도 쓰기가 어렵다. 어느새 눈물이 가득 고인다. 지금 이 나이가 되어도 여전히 속상하고 이야기하기 힘든 나의 슬픈 인생 전환점···.

나는 가난 때문에 늘 시간에 쫓겼다. 석사과정 3학기 안에 종합시험, 영어시험에 합격하고 모든 필수이수학점을 취득해야만 했다. 4학기 때는 집중해서 논문을 써야 했고, 무조건 4학기 안에 석사졸업을 해야 했다. 한가하게 시간을 끌 여유가 없었다. 쉴 때는 쉬더라도 집중할 때는 최대한 집중하려고 노력했다. 석사과정의 마지막 4학기 때는 집에 틀어박혀서 논문에만 집중했다.

나는 중국고전문학으로 전공을 정하고, 중국 삼국시대 오나라의 한 작가의 시론으로 논문을 쓰기로 하였다. 지금은 고인이 되신 허세욱 교수님에게 지도교수를 부탁드려 허락도 받았다. 교수님은 나의 대학 1회 졸업생 선배님으로 중국 문학의 대가셨다.

당시 외대가 아닌 고려대 교수이셨지만 대학원에 강의를 오셨다. 대학원 입학 전부터 그 분에 대한 무시무시한 소문이 가득했다. 강의 시간에 카리스마도 대단하시고, 과제에 대한 의중을 파악하기가 어려워 과제 준비도 정말 어렵다는 선배들의 평이 자자했다.

그래도 나는 대학원에 들어간 처음부터 교수님의 강의기 열리면 무조건 수강했다. 교수님은 부족한 나를 참 사랑해주셨는데, 과제를 해가면 칭찬해주셨고, 학점도 늘 A⁺를 주셨다.

그런데 문제가 생겼다. 하필이면 내가 논문을 쓰려는 학기부터 다른 학교의 교수는 논문 지도를 할 수 없다는 규정이 생긴 것이다. 나는 망연자실했다. 외대에는 내가 논문으로 쓰려던 분야를 전공하신 교수가 없었다.

학과장실 조교를 끝내고 수직생으로 있던 연구실의 교수님이 나를 부르셨다. 교수님은 허세욱 교수님이 나의 지도교수가 될 수 없는 이유를 설명하시고, 문학 전공인 자신이 논문 지도를 해주고 싶으나 자신도 다음 학기부터 대만으로 안식년을 떠나니 내가 학과장실에서 모셨던 교수님을 지도교수로 정하겠다고 하셨다.

나는 이미 그 교수님에게 두 번이나 혼이 났고, 말씀도 드리지 않고 학과장실 조교를 그만두었기에 걱정이 앞섰다. 더구나 교수님은 문학이 아니라 어학을 전공하셨다. 교수님은 본격적인 논문 지도를 시작하기 전인 첫 만남부터 이미 내게 호의적이지 않으셨다.

"나는 네가 쓰려고 하는 시론, 문학 이론이 제일 싫다."

참으로 냉소적인 반응이었지만 내게는 선택권이 없었다. 내가 연구실에서 모셨던 교수님은 본교 출신으로 제일 연로한 교수님을 논문 지도 교수로 정해주셔서 나에게 가장 좋은 배려를 해주신 것이기에 나는 아무런 말씀도 드릴 수 없었다.

교수님과는 처음부터 기질적으로 맞지 않았다. 논문 학기가 시작되자 나는 논문 목차를 정하고, 잠자는 시간을 줄여가며 새벽에도 일어나 두 주에 한 챕터씩 초고를 써서 지도교수님에게 가지고 갔다.

하지만 서두르는 것을 싫어하셨던 교수님은 이런 태도에 압박감을 느끼셨는지, 빠른 속도로 논문의 초고를 써오는 내게 수고했다고 칭찬하기보다는 매번 "왜 이렇게 서두르냐"라며 야단을 치셨다.

그래도 나는 야단을 무릅쓰고 조금의 늦춤도 없이 정해진 기한 안에 논문 초고를 작성하여 두 주에 한 번 교수님을 뵈러 갔다. 결국 한 학기 만에 석사논문을 완성했고, 석사논문 심사를 일주일 남긴 상황이었다.

바로 그즈음, 내 인생에 가장 끔찍한 일이 일어났다. 서두르며 최선을 다해 준비한 논문이 완성되고, 긴장이 풀린 내가 친한 학과 동기들과 술자리를 가진 날이었다.

그날 아침, 학교에 가려는 내게 아버지가 한 가지 부탁을 하셨다. 본인이 대전으로 출장을 가서 하룻밤을 자고 와야 하니, 집에 일찍 귀가하라는 것이었다. 당시 우리 가족은 조부모님의 묘소가 있는 시골의 외딴 동네에 살고 있었다. 지방에 가는 아버지는 어머니가 긱정되어 내게 이런 당부를 하셨는데 나는 동기 모임에서 조금만 놀다 가라는 친구들의 만류를 뿌리치지 못해 거의 막차를 타게 되었다.

자정이 다 되어 집에 도착했는데 그 늦은 밤에 내가 도착하자마자 우리 가족이 지내는 선산 별채 옆 구옥에 살던 관리인의 아내분이 뛰어나오더니 충격적인 이야기를 들려주셨다. 오늘 아침에 아버지가 대전으로 떠난 후, 어머니가 동네 아주머니들을 집으로 불러서 온종일 술판을 벌이고 만취했다고 한다. 그 분의 설명에 따르면 술자리가 끝난 뒤 마당에서 방으로 걸어 들어가지도 못할 정도로 취했다고 했다.

어머니는 인생의 스트레스를 술로 푸는 분이었다. 술을 엄청 빨리 드셨고, 한 번 드시기 시작하면 절제하지 못하셨다. 아버지는 본인도 술을 드셨지만 이렇게 술을 마시는 아내를 매우 싫어해서, 어머니가 만취해 집에 돌아오시는 날엔 언제나 끔찍한 가정폭력이 일어났다.

어려서부터 운동으로 단련된 아버지는 서울 동대문에서 유명한 주먹 건달로, 완력이 대단하셨다. 그런 강한 아버지는 어머니가 술에 취하면 약한 여자를 사정없이 구타하는 잔인한 사람이었다.

내가 친구들과 술을 먹고 늦게 들어온 바로 그날, 대전에서 자고 오기로 한 아버지가 갑자기 일정이 바뀌어 일찍 귀가했다가 만취한 어머니를 보고는 눈이 뒤집힌 것이다. 관리인의 표현에 따르면, 어머니는 너무 많이 맞아 죽을 것 같으니 얼굴과 온몸에 멍이 든 채로 취한 몸을 이끌고 서울의 친구 집으로 도망을 갔다고 했다.

나는 서둘러 어머니의 친구분 댁으로 전화를 했다. 전화기 너머로 들려오는 어머니의 목소리는 너무나도 슬펐다.

"상규야! 내가 그 인간에게 너무 맞아서 정말 죽을 것 같다."

전화기 너머로 들려오는 어머니의 울부짖는 목소리에 피가 거꾸로 솟는 것 같았다(이후에 서울로 찾아가서 만난 어머니의 얼굴은 정말 엉망이 되어 있었다). 내가 성장한 후로는 아버지의 가정폭력을 몸으로 막아 왔는데, 중간중간 내가 없는 틈을 타서 아버지는 어머니를 때리곤 하다가 급기야 내가 늦게 귀가한 그날, 넘지 말아야 할 선을 넘고 만 것이다.

전화기를 내려놓은 나는 이성을 잃고 말았다. 부모님이 거주하는 선산 별채의 부엌으로 들어가는 문 앞에는 내가 아침마다 운동하는 야구 배트가 있었다. 관리인의 방에서 나온 나는 그 배트를 보자마자 손에 쥐고 아버지의 방으로 뛰어 들어갔다.

그렇지만 나는 취기가 있었고, 나이가 들었어도 한때 건달이던 아버지는 내가 휘두르는 야구 배트를 피하고 곧 나를 제압하셨다. 지금 생각하면 얼마나 다행인지 하나님께 감사할 수밖에 없다. 나는 순간적인 분노로 아버지를 죽인 살인자가 될 수도 있었다.

어른 한 분만 계셨더라도

아버지의 완력에 눌린 나는 그날 밤, 우리 집 근처에 살고 있던 이복형의 손에 이끌려 집 근처 여관에서 묵게 되었다. 날이 새도록 한숨도 잠을 이룰 수 없었다. 어머니의 넋두리대로라면 나를 엄마 없는 자식으로 키우지 않기 위해 오랜 세월 아버지의 온갖 폭언과 학대를 참아온 어머니께 더는 희생을 강요힐 수 없다는 생각에 이르렀디.

내가 어려서는 술을 끊지 못해 아버지에게 폭력을 당하는 어머니가 오히려 원망스러웠다. 술을 마시지 않거나, 조금만 마셔도 매번 이처럼 심한 구타를 당하지는 않을 텐데 왜 술을 이렇게 많이 마셔서 매를 맞는지 도무지 이해가 되지 않았다.

그러나 나이가 들면서 어머니의 인생이 보였고, 교회에 나가면서도 술에 의지하여 자신의 처지를 잊으려 하는 모습이 안타까웠지만 예전만큼 원망할 수는 없었다.

내가 대학 다니는 동안 어머니는 이 지긋지긋한 집안에서 자신을 해방시켜 달라며 내게 졸업 후 취업을 종용했다. 그런데 내가 대학원까지 가니 그런 아들이 원망스러웠을 테고, 이제 아들의 꿈보다는 본인의 어려운 형편이 더 중요한 고려 사항이 된 것이다.

대학원에 입학하고 대학교수가 되겠다는 꿈을 꾸다 보니 어머니의 요구를 못 들은 척 외면해왔는데, 이날의 끔찍한 폭력 사건은 나를 선택의 여지 없는 구석으로 몰아가고 있었다.

그날 밤 나는 중대한 결심을 할 수밖에 없었다. 이후로 이 상황을 곱씹어 볼 때마다 내가 조금 더 이기적이었으면 어땠을까 하는 생각이 들기도 하지만, 당시의 어린 나이로는 더 물러설 퇴로가 없다고 느꼈다. 이른 새벽, 아버지 몰래 집에 들어가 당장 필요한 책과 옷가지를 챙겨서 집을 나와 어머니를 만나러 갔다.

일주일 후, 인생의 가장 큰 위기 가운데서 석사논문 심사를 통과했다. 원래 석사논문을 통과하면 논문을 인쇄하여 교수님과 대학원 선후배에게 전달하고 인사하는 과정이 필수지만 나는 한가하게 논문에 인사 말씀을 적어서 교수님과 학생들에게 나누어드릴 정신이 없었다. 장학금으로 받은 돈으로 인쇄한 논문을 급한 대로 대학원 연구실의 한 캐비닛에 넣어두고는, 그 뒤로 영원히 논문을 찾으러 가지도 못했다.

원래 석사논문이 통과되면 박사과정 입학을 위한 공부를 하면서, 교환학생 자격으로 대만에 박사과정 유학을 갈 기회를 기다려보고자 하였다. 그러나 당장 어머니와 집을 나와 거처할 방 한 칸도 없던 나는, 어머니와 가장 가까웠던 조카딸의 집에 기숙하며 앞으로 어떻게 살지 방안을 찾아야 했다.

그때부터 교회 청년부의 조장 누나와 학교 동아리 선배, 집 근처에 살던 아는 형님에게 인생 상담을 시작했다. 스물여섯 살의 어린 내게는 절박한 위기의 순간에 인생의 진로를 두고 상담을 나눌 어른이 한 명도 없었다. 나보다 불과 몇 살 더 먹은 선배들은 절박한 나에게 어떠한 해결책도 제시하지 못했다.

막막한 현실 앞에서 나를 위해 기도해주며 함께 진로를 위해 멘토링해줄 어른이 한 명만 있었다면 어땠을까? 지금 생각해도 당시 나는 세상에 아무도 의지할 데가 없었다.

믿음의 수준은 위기의 순간에 실체를 드러낸다고 어디선가 들은 것 같다. 인생에서 처음 부딪힌, 앞이 보이지 않는 위기의 순간에 하나님께 절박한 마음으로 기도하며 매달릴 생각도 하지 못했다.

지금도 그렇지만 어머니는 오로지 내 얼굴만 쳐다보고 계셨다. 처음엔 공부를 계속하고 싶은 욕심에 학원 강사로 일자리를 찾아보려고 했으나 내 조건에 맞는 곳은 없었다. '대학교 때 부전공으로 교육학을 했더라면 고등학교에서 제2외국어 교사를 하면서라도 공부를 유지할 수 있었을 텐데'라는 후회가 밀려왔다.

아버지는 어머니에게 그토록 잔인한 폭력을 행사하고도 편집증처럼 어머니를 찾아 다시금 관계를 이어가려는 집착을 떨쳐내지 못했다. 나는 온갖 협박과 욕설로 설득하려는 아버지를 피해 숨기로 작정했다. 큰집 가족들에게 아버지와 어머니의 비정상적인 사실혼 관계를 끊겠다는 약속을 하고 얻은 팔백만 원으로 인천의 반지하 원룸에 전세를 얻었다.

아버지는 이후로도 우리의 전화번호를 알아내어 온갖 회유를 했지만 어린 나이였음에도 어머니를 다시 아버지에게 돌아가도록 할 수는 없었다. 돌아가봤자 아버지는 변하지 않을 거라는 생각이 강하게 들었기 때문이었다.

처음 살아본 반지하 원룸의 삶은 불편한 점이 많았다. 그 집은 하수도를 얕게 묻어서 밤새 하수구를 통해 역겨운 가스 냄새가 올라왔다. 잠을 자고 아침에 세수하려 방문을 열고 부엌으로 나오면 하수구에서 밤새 나온 악취와 가스로 눈을 뜰 수 없을 정도였다. 방도 너무 좁아서 이불을 펴고 어머니와 누우면 방 한 칸이 빈틈없이 가득 찼다.

그런데도 그 방에서 어머니와 함께 살기 시작하면서 처음으로 편안한 마음으로 잠을 잘 수 있었다. 환경은 최악이었지만 아버지를 피하여 어머니와 함께 안도감을 느끼며 누워서 자는 마음은 가난함의 불편함을 넘어 난생처음 느껴보는 행복감이었다.

취업의 길로

교통사고 후 병상에서 기도하면서 정한 공부의 꿈은 당장 먹고살아야 하는 생계의 위협 앞에서 버틸 재간이 없었다. 어머니를 부양해야 하는 상황에서 더는 이기적으로 나의 꿈만 주장할 수 없었다. 재미있고 원했던 길이었지만 접을 수밖에 없는 상황이었다.

당시 같은 교수님의 연구실에서 함께 있었던 박사과정의 형님이 나를 집으로 초대했다. 저녁 식사를 하던 중에 형님은 초등학교 교사인 형수에게 이런 이야기를 하셨다.

"상규가 공부하려면 돈이 필요하다. 당신이 후배 교사 중 한 명과 중매를 서라."

형님은 공부를 중단할 수밖에 없는 내가 안쓰러웠던지, 진지하게 소개팅을 제안했다. 내 결심만 서면 바로 진행하겠다고 하셨다.

귀가하여 이런저런 생각을 했다. 나 혼자의 몸이라면 모를까 어머니까지 모셔야 하는 상황에서 아내에게 전적으로 가정경제를 책임지게 하는 결혼은 생각할 수 없었다. 더구나 사랑하지도 않는데 공부를 하기 위해 하는 결혼이라니, 나도 전혀 내키지 않았고 상대방 여인에게도 못할 일이라는 생각이 들었다.

2년간 연구실에서 함께 동고동락한 형님은 진심으로 내가 공부를 지속할 수 있도록 돕고 싶으셨던 것 같다. 그런 형님의 제안은 무척 고마

웠지만, 정중히 거절할 수밖에 없었다. 형님은 많이 섭섭해하시고 이후로 다시는 만나주지 않으셨다. 기대가 컸던 만큼, 공부를 포기하는 후배에게 실망이 크셨던 것 같다.

아무리 고민을 해봐도 공부를 지속할 방법은 없었다. 반지하 방 한 칸에서 두 식구가 먹고살려면 돈이 필요하기에 당장 취직해야 했다. 나는 군 면제를 받았기 때문에 대학원을 졸업했어도 대학을 졸업하는 동기들과 같은 연도에 취업하게 되었다.

당시 중국어과는 대기업에서 매우 선호하는 전공이다 보니 취업 추천이 계속 들어왔다. 대학원 시절에 학과장실 조교를 하며 이런 분위기를 아는 나는 취업 대표를 맡은 동기에게 나도 대학을 졸업하는 동기들과 함께 취업 추천 대기자 명단에 들어갈 수 있도록 부탁했다.

그런데 취업 대표는 내가 학부 학점이 높고 대학원까지 졸업했기 때문에 자기들과 함께 대기업 추천서를 받도록 해줄 수 없다고 야멸차게 거절했다. 선후배도 아니고 친구라고 생각한 동기에게 이런 대답을 듣게 되니 정말 원망스럽고 실망감이 밀려왔다.

가정형편이 어려워 공부를 중단하게 된 사정까지 구차하게 설명했지만 "아무도 가지 않은 작은 기업의 추천서가 있는데 거기라도 가겠다면 주겠다"라고 할 뿐이었다. 정말 섭섭했지만, 당장 생계가 어려워 하루라도 빨리 취업해야 했던 나는 썩 내키지는 않아도 할 수 없이 그 추천서를 받았다.

작은 회사였지만 꼭 취업해야 했기에 정말 간절히 입사를 위해 기도했다. 서류와 면접을 통과하고 취업한 회사는 의류를 수출하는 회사로 컨테이너와 모피의류가 유명한 회사였다.

나중에 안 내용이지만, 내 스펙에 오래 다닐 것 같지 않아서 나는 더 작은 계열사로 배정되었다고 한다. 회사는 당연히 나의 절박한 사정을 알지 못했고, 그때 취업하여 어머니를 부양하는 것이 내게 얼마나 중요한 역할이었는지는 나만 절박하게 느끼고 있었다.

그때 교회 청년부 조장 누나는 내가 공부를 그만두고 취업하는 것을 누구보다 아쉬워했다. 누구도 내 인생에 관심 두지 않던 시절에 조장 누나의 말은 나에게 참 많은 위로가 되었는지 지금도 그 말이 기억나고 오래도록 내 마음에 남아 있다.

chapter 2

화염 속 절망이 감사로 피어나다

세상에 푹 빠지다

갑자기 청년 가장이 된 나는 대학원을 그만둔 것을 아쉬워하고 미련을 둘 만큼 한가하지 않았다. 회사는 내가 중국어 전공이지만 무역 업무를 배워야 한다며 유럽 파트로 배정해주었고, 나는 빠른 속도로 업무를 파악해나갔다.

대학과 대학원에서 중국어와 중국 문학을 6년간 공부했지만, 실전 중국어 회화는 많이 부족했다. 대학 시절, 중산층 정도의 학우들은 2학년을 마치거나 군 제대 후 대만으로 1년간 중국어 어학연수를 다녀오는 것이 유행이었다.

그러나 학기마다 반액 성적 장학금을 받아도 추가등록을 할 정도로 형편이 어려웠던 우리 집에서 대만 어학연수는 입도 뻥긋할 수 없었다. 대학과 대학원 학업을 유지하는 것만도 감사한 시절이었다. 그러다 보니 동기들보다 학점은 좋아도 실전 중국어 회화 능력은 떨어졌다.

그런데 유럽 파트로 배정을 받으니 무역 업무을 위한 의사소통은 모두 영어로 해야 했다. 서유럽, 북유럽의 고객과 영어로 전화 통화를 하고 팩스를 보내야 했다.

대학 시절 내내 AFKN 청취반에서 동아리 활동을 해서 영어와 멀리 떨어지지 않았고, 대학원 입시와 종합시험을 위해 영어 공부를 계속했지만, 회화는 많이 서툴렀다. 내 자리로 유럽의 바이어가 영어로 전화를 하면 곤혹스러워 죽을 지경이었다.

전공인 중국어 회화도 서투른데 영어까지 해야 하니 참 난감했다. 준비되지 않은 상태에서 갑작스러운 취업으로 하루하루가 쉽지 않았으나 매일 아침 다른 직원보다 1시간 일찍 출근하고, 최소 두 사람 몫 이상의 일을 하면서 차츰 상사들의 칭찬과 사랑을 받았다.

어려운 상황에서도 인천에서 서울의 동안교회로 출석하며 신앙의 끈을 이어가고는 있었지만, 주일은 근근이 성수하고 있었고 학생 때와는 달리 조금씩 조금씩 세상과 가까워지고 있었다.

대학원까지도 피지 않던 담배를 회사 동료들과 잡담을 하며 배웠고, 애주가인 직속 사수와 친해지기 위해 매일 퇴근 후 호프집에 가서, 자정이 다 되어 귀가했다.

월요일부터 토요일까지 주 6일 근무하되, 토요일은 격주로 반공일 근무를 하던 시절이었다. 나는 사무직으로 회사 2층에서 근무하고 의상 디자이너들은 3층에서 근무했는데, 또래의 남녀가 협업하는 데다 퇴근 후에는 함께 호프집에서 맥주를 마시며 담소를 나누다 보니 많이 친해지게 되었다.

이 회사에는 사무직과 디자이너 업무를 하는 젊은 직원들이 주말에 주일을 끼고 1박 2일로 등산을 가는 문화가 있었다. 처음에는 주일예배를 위하여 등산 모임에 가지 않았으나, 술 모임에서 적극적으로 꼬시는 동료들의 제안을 뿌리치지 못하고 한 주 한 주, 주일예배를 빠지고 등산을 가는 주말이 늘어나기 시작했다.

처음으로 주일예배를 빠졌을 때는 마음이 많이 불편했지만, 그런 주일이 한 주 한 주 더해지니 나중에는 주일예배를 드리지 않아도 마음이 불편하지 않았다.

입사 후 나름 회사에 적응을 잘하고 업무처리도 빠른 편이다 보니 차츰 해외 출장의 기회도 얻게 되었다. 여전히 부족하지만 혼자 출퇴근 시간을 이용하여 공부하는 영어도 조금씩 진보를 보이기 시작했다.

입사 후 6개월 만에 간 홍콩 출장에서 영어와 중국어를 모두 사용하는 모습을 기특하게 보셨는지, 식사 자리에 함께 가신 사장님이 지사장에게 나의 홍콩지사 발령을 이야기하였으나, 지사장은 자기보다 좋은 대학과 대학원을 나온 나를 반기지 않았고 첫 번째 지사 발령의 기회는 무산되고 말았다.

그러나 입사 후 1년 반 만에 결국 여름휴가 후 바로 중국 대련 지사로 파견되도록 결정이 났다. 부장님에게 이 말씀을 듣자 드디어 꿈에 그리던 중국에 가게 되었다는 후련함이 있었다.

대학교 때에는 대만으로 어학연수를 가고 싶었으나 돈이 없어서 포기해야 했다. 대학원 때 중국과 수교가 되어 중국 베이징으로 어학연수를 갈 수 있다는 소식을 들었다. 중국 어학연수는 대만보다 저렴하다는 이야기에 용기를 내어 연구실 선배님의 소개로 한 대학교 교수님의 추천서를 북경에 있는 한 대학의 어학 과정에 보냈지만, 수교 직후여서 그런지 아무리 기다려도 추천서에 대한 답변이나 입학허가서는 오지 않았다.

그래서 대학원을 마칠 때까지 중국어권 국가에 한 번도 가보지 못한 나는 중국지사 근무가 전공을 살리는 업무를 할 수 있고, 거기에다가 전공언어 능력을 배가시킬 기회라고 생각하니 정말 기대가 되었다. 그때 나는 이미 6개월 동안 주일예배를 드리지 않았고 영적으로 비기독교인과 별 차이가 없는 상태였다.

꿈으로 온 두 번의 경고

직장에서 매번 남들이 계획하는 주말 산행을 따라갔는데, 지사 발령 전 한국에서의 마지막 여름휴가이고 이제 출국하면 언제 다시 동료들과 산행을 할지 모른다는 아쉬움에 이번에는 내가 먼저 나서서 등산 계획을 세웠다.

여름휴가 기간에 주일이 끼어 있었다. 그 주일이 지나면 중국에 갈 상황인데, 하나님께 예배를 드리는 것이 우선순위가 아니라 동료들과 등산을 가고자 하는 열망이 더 컸다.

그런데 이상하게도 다른 부서의 과장님 한 분을 제외하고는 아무도 등산을 가고자 하는 사람이 없었다. 내가 속한 부서의 과장님도 이번 휴가에는 산에 갈 수 없다고 하여 결국 그 과장님 한 분과 지리산 등반을 출발하게 되었다.

난생처음 지리산 종주를 계획한 나는 등산 경험이 많다는 과장님만

철석같이 믿고 출발했다. 입사 후 설악산, 치악산, 대둔산 등 여러 번의 당일치기 정상 등반을 다녀온 나는 1994년 수십 년 만에 온 유례 없는 폭염을 핑계로, 침낭을 가져가라는 어머니의 성화를 무시하고 밤에 덮을 두꺼운 모포 하나 없이 짐을 챙겨 출발하였다. 정말 무모한 초보 등산객이 아닐 수 없었다.

등반 첫날 노고단까지 올라갔는데 너무 피곤하여 일찍 텐트를 치고 잠이 들었는데, 그날 밤 하나님은 내게 두 번의 꿈으로 경고하셨다.

먼저는, 꿈속에서 내가 잠든 머리 위로 텐트의 지퍼가 열리더니 시커멓고 손톱이 기다란 여자 귀신의 손이 쑥 들어와서 내 머리채를 틀어쥐고 확 잡아당기는 것이었다. 너무나도 끔찍하고 생생한 꿈에 벌떡 깨었고 모골이 송연해졌다.

곧 다시 피곤함에 못 이겨 잠이 들었는데 이번에는 텐트가 자고 있던 내 몸 위로 폭삭 주저앉는 것이었다. 가위에 눌린 나는 숨을 못 쉬고 버둥거리다 잠에서 깨어났다.

하룻밤에 이런 흉몽을 두 번이나 꾸고 나니 등산을 계속하고자 하는 마음이 싹 달아났다. 기분이 영 찜찜해 더는 산을 오르고 싶지 않아서 다음 날 아침 일찍 나는 산을 내려가고 싶다고 말씀드렸다.

하지만 나보다 열 살이나 위이신 고참 과장님은 젊은 신입사원의 이야기에 귀 기울여주지 않았다. 여름휴가 중 시간을 빼서 여기까지 왔으니 자기는 무조건 올라가야 한다고 주장하셨다. 나는 하는 수 없이 찜찜한 마음을 누르고 다시 산을 올랐다.

그날 밤, 뱀사골 산장에 도착하여 문을 열고 얼굴을 들이미는 순간

이미 도착하여 잠자리를 잡은 등산객들에게서 나는 고약한 냄새로 코를 부여잡고 말았다. 비위가 약한 나는 과장님에게 산장 밖에서 텐트를 치고 자자고 제안했고 과장님은 그러자고 하셨다.

그런데 웬걸, 그해 여름은 그렇게 폭염이 심했건만 뱀사골 산장 밖 텐트 안은 밤이 되자 살이 에이도록 추웠다. 갖고 간 옷을 다 껴입어도 추위를 참기가 힘들었다. 어머니가 챙겨가라고 하신 침낭 생각이 많이 났지만 이미 늦은 후회였다.

과장님은 술을 한잔하며 추위를 녹이셨지만 나는 너무 힘들고 피곤해서 술을 마시면 다음 날 등산을 할 수 없을 것 같아 술은 마시지 않고 그대로 추위를 참아보려고 했다. 하지만 시간이 갈수록 점점 더 추워졌고, 내가 너무 추워하는 것을 보다 못한 과장님은 가만히 있어보라며 본인의 배낭에서 무언가를 주섬주섬 꺼내놓으셨는데 바로 가스등이었다.

보기에도 너무 오래된 고물이었지만 그래도 가스등을 켜니 잠시 후 등에서 나는 열로 텐트 안이 따뜻해지기 시작했다. 그런데 천장에 걸 고리가 없어서 나는 그 가스등을 내 발치에 둔 등산화에 꽂아 두었고, 너무 피곤해서 먼저 잠을 자겠다고 누웠다. 과장님은 술 한잔 더 하고 자신이 등을 끄고 자겠다고 하셨다.

화상보다 깊은 어둠

누군가 내 뺨을 손으로 때렸다. 내 몸을 흔들며 잠에서 깨우는 인기척에 눈을 떴다. 머리가 너무 아팠고 몸을 일으키려고 했으나 다리에 힘이 하나도 없었다. 분명히 텐트 안에서 자고 있었는데 눈을 떠보니 산 중턱 노지에 누워있었다.

많은 사람이 서서 위에서 나를 내려다보고 있었다. 얼굴을 돌려보니 함께 간 과장님은 내 옆에 누워 계셨는데 그때까지도 깨어나지 못하시다가 잠시 후 눈을 뜨셨다.

시간이 조금 지나서 다시 몸을 일으키려 했으나 다리에 아무 힘이 없었고, 사람들은 내가 일어서려는 것을 저지하였다. 고개를 들어 다리 쪽을 보니 물에 적신 하얀 천 같은 것으로 내 무릎 아래 양쪽 정강이와 종아리 부분을 덮어 놓은 것이 보였다. 정신은 없었으나 양쪽 다리를 심하게 다친 것을 직감했다.

잠시 후 뱀사골 중턱으로 헬기가 도착했고 나는 사람들의 부축을 받아 헬기를 타고 사천공항으로 가게 되었다. 사천공항에 도착한 후에는 다시 항공사 직원들의 부축을 받아 비행기를 타고 서울로 와서 서울 영등포의 한강성심병원 응급실로 이송되었다.

정말 순식간에 발생한 일이었다. 서울의 병원 응급실 침대 위에서 의료진은 나에게 보호자를 불러달라고 요구하였다. 그 순간 나는 부상의 내용이 어떤 것인지는 몰라도 그 부상 정도가 매우 심각하다는 것을 직감할 수 있었다.

어머니가 하나뿐인 아들의 심각한 사고를 알게 되면 매우 놀랄 것이 걱정되었던 나는 집에 혼자 계시는 어머니의 전화번호 대신 일단은 어머니와 가장 가까웠던 조카딸의 연락처를 주었다.

누나가 도착한 후 비로소 나는 내가 어떤 부상을 당했는지 알게 되었다. 다리를 덮고 있던 흰 천을 걷으니 나의 다리는 양쪽 무릎 아래로 살색이 아닌 검은색이 되어 있었다. 불에 덴 화상이 아니라 불에 '탄' 심각한 화상을 입은 상태였다.

시간이 흐른 뒤에 곰곰이 생각해보니 내 발치의 등산화에 꽂아 둔 가스등 때문이었던 것 같다. 등을 끄고 자겠다던 과장님은 가스등에서 나온 일산화탄소에 중독되어 정신을 잃은 것 같고, 나는 일산화탄소에 중독되는 과정에서 괴로움으로 몸부림을 치다 발치에 있는 등산화를 건드려, 내 다리 쪽으로 쓰러진 가스등의 불이 입고 있던 청바지에 옮겨붙은 것 같다.

아웃도어 같은 얇은 기능성 원단이 아닌 두꺼운 리바이스 진을 입고 잤기 때문에 청바지의 불은 아주 천천히 타들어 갔고, 덕분에 얼굴까지 번지는 전신화상은 면했지만, 두꺼운 청바지에 붙은 불이 천천히 타는 바람에 양다리의 무릎 아래는 정말 깊게 타버린 것이다. 화상은 보통 1, 2, 3도라고 부르는데, 이후 의사들은 회진 때마다 내 다리의 상태를 'Deep Third'(깊은 3도 화상)라고 했다.

나는 곧장 입원 절차를 밟았고 이날 이후로 기나긴 시간의 치료와 수술의 과정을 감내해야 했다. 아버지의 지옥 같은 압박감을 벗어나 1년 반이라는 시간을 근근이 버텨왔다. 이전보다 더 가난해도 가정폭력에서 비롯된 어두운 현실에서 벗어났다 싶었는데 얼마 되지도 않아서 이전보다 더 어두운 현실을 직면하게 되었다.

화상 치료의 시작

입원 후 처음 며칠 동안은 화상 정도가 얼마나 심각한지, 치료는 어디까지 가능한 것인지, 입원은 얼마나 해야 하는지, 치료가 끝난 후에 어디까지 회복될 수 있는지 아무도 이야기해 주지 않았고, 어떤 확실한 것도 없었다.

회진을 오는 의사의 표정과 몇 마디 영어단어로 떠드는 의료 용어를 띄엄띄엄 알아들으며 짐작해볼 뿐이며, 인턴이나 레지던트 1년차 주치의가 병실에 들르면 최대한 친절하고 조심스럽게 나의 상태를 질문했지만 누구 하나 시원스럽게 대답해주는 사람이 없었다.

내가 입원한 병실은 6인실이었다. 나는 병실의 신참이었기에 병실 문가에 있는 침대에 자리를 잡았다. 병실에 있는 환자들은 가벼운 화상부터 중화상까지, 어린 아기부터 연세 드신 분까지 다 있었고, 대부분 모두 나와 비슷한 처지로 우리끼리 대화를 나눴다.

나는 조금 더 오래 입원한 환자들의 경험담과 조언을 들으며 때로는 불안감에 빠지고, 때로는 위로를 받기도 했는데 시간이 지나고 지금 생각해보면 그때 환자들 간에 나눴던 정보는 대부분 정확하지 않은 것들이었다.

나는 두 다리에 중화상을 입었기에 꼼짝없이 침대에 누워, 주는 밥을 먹고 모든 것을 침대 위에서 해결해야 했다. 입원의 시간이 하루 이틀 지나고 나에게 닥친 가장 심각한 문제는 매일 해야 하는 환부 드레싱과 대소변 처리였다.

우리 병실 가까운 곳에 화상 환자들의 드레싱을 하는 치료실이 있었다. 나 같은 중환자는 환부 드레싱을 병실에서 하지 않고 같은 층에 있는 치료실로 가서 하게 되어 있었다. 이 순간 그때의 이야기를 쓰기 위해 끔찍한 기억들을 떠올리려니 너무나 고통스럽다. 글을 타이핑하는 손을 멈추고 그저 멍하니 다시 그때의 내 인생에 가장 힘들었던 순간 앞에 마주 서게 된다.

화상 병동의 하루는 아침 회진이 끝나면 차례대로 치료실로 가서 환부에 드레싱을 받는 것으로 시작한다. 나는 몸을 움직이기 어려워 이동식 침대로 옮겨서 갔다. 환자들은 대부분 자기 순서가 오기 전 병실에서 대기하며 먼저 치료실에 들어간 환자들의 비명소리를 들으며 공포감을 느꼈다.

화상의 상처를 드레싱하는 과정은 통증이 어마어마하다. 환부를 덮었던 거즈를 떼어내고 소독하는 과정에는 엄청난 통증이 따른다. 화상의 정도가 심할수록 환자들은 드레싱 과정에서 고성을 지르며 울부짖는다. 병실에서 치료 순서를 기다리는 환자들은 그 순간 대부분 아무 말도 하지 못하고 각자 닥쳐올 순서를 예상하며 긴장감에 깊이 움츠려 있다.

환자들은 치료실을 도살장이라고 불렀다. 도살장에서 죽어가며 단말마의 소리를 지르는 짐승처럼 우리는 치료 중에 통증에 못 이겨 외마디 비명을 질러댔기 때문이다.

나도 예외 없이 매일 치료실에 들어갔는데 나의 환부는 다른 환자들과 많이 달랐다. 환부의 범위는 양쪽 무릎 아래로 넓지 않았지만, 화상의 정도가 매우 깊고, 매우 검게 타 있었고 겉으로 보이는 피부와 살 아래로 얼마나 깊이 타 있는지 의사들도 초기에는 알지 못했다.

환부가 완전히 타버린 상태여서 치료 초기에는 드레싱 과정에서 통증을 느끼지도 못했다. 돌아가며 드레싱을 하는 인턴들은 나의 환부가 매우 흉측하고 심각해서 치료 중에 매우 아플 것으로 생각했으나, 실제로 통증을 거의 느끼지 못했다.

사실은 치료 중에 통증을 느끼지 않는 것이 더 심각한 상황이라는 것을 시간이 지나면서 조금씩 깨닫기 시작했다. 타버린 살들은 통증을 느끼지 못할 정도로 죽어있었고, 화상의 정도는 예상보다 훨씬 더 심각했다.

너무 세밀하게 묘사하면 책을 읽으시는 분들의 속이 거북하실 수도 있을 것 같아서 매우 조심스럽게 일부만 이야기할 수밖에 없지만, 당시의 치료 과정은 정말 제정신으로는 감당하기 어려웠다.

입원 초기, 본격적인 드레싱이 시작되기 전에는 '그래도 치료를 받고 나면 나중에 잘 회복되겠지' 하는 희망이 있었다. 그런데 화상 병동에서 동료 환자들의 환부를 보고, 치료 과정이 진행되면서 그런 긍정적인 생각은 점점 더 줄어들게 되었다.

내가 뭘 그렇게까지 잘못했다고

치료가 시작되고 어느 정도 시간이 지나자 담당 과장님은 회진 때 나의 심각한 다리 상태에 대해서 내가 감당하기 어려운 이야기를 하셨다. 왼쪽 다리는 수술이 실패하면 절단을 해야 할 수도 있고, 오른쪽 다리는 아킬레스건이 많이 손상되어 정상적인 보행이 어려울 수도 있다고 하셨다.

사고 당시 내 나이는 스물일곱이었다. 비록 돈은 없었지만 건강하게 두 다리로 걸어다녔는데, 자칫하면 젊은 나이에 다리를 절단하고 중증 장애인으로 살아야 할지도 모른다 생각하니 눈앞이 캄캄했다. 그 순간 어릴 때 시내에 나가면 길에서 양쪽 다리가 없이 엎드려서 기어 다니며 걸인으로 사시는 분들의 형상이 떠올랐다. 정말로 앞이 보이지 않는 막막한 상황이었다.

이런 상황에서 의사는 하루라도 빨리 수술을 하려면 화상 치료 과정에서 제거한 살이 다시 차오르도록 식사를 잘하라고 계속 당부했는데, 마음의 좌절과 소독약 냄새로 식욕도 없었지만 밥을 먹으면 해결해야 할 대소변 문제가 나를 가장 힘들게 하였다.

나는 양 무릎 아래로 근육과 신경이 심각한 손상을 입은 상태라 다리에 아무 힘이 없고 보행이 완전히 불가능한 상태였다. 식사를 하면 자연스럽게 화장실을 가야 하는데 의사는 환부의 상태를 보고 처음부터 화장실에 가는 것이 불가능하니 침대 위에서 대소변을 처리하라고 권하였다. 침대마다 둘러치는 가림막 커튼이 있으니 그걸로 가리고 침대에서 대소변을 보라는 것이었다.

소변은 냄새가 그다지 심각하지 않으니 커튼을 치고 처리하면 되지만 대변의 경우는 달랐다. 처리하는 모습은 가릴 수 있지만, 그 과정에서 배출되는 냄새는 해결할 방법이 없었다. 작은 병실에서 여섯 명이 하루 종일 생활하고 식사도 하는 공간에서 하루에 한 번이지만 아기나 노인도 아닌 젊은 남자가 대변 냄새를 풍기는 것은 정말 참을 수 없는 부끄러움이었다.

나는 어떻게 해서라도 화장실에 가려고 하였다. 어머니의 부축을 받아 간신히 침대에서 휠체어로 내려앉을 수 있었지만 병실 옆 화장실에 도착한 뒤가 더 문제였다. 수세식 변기였지만 다리의 버티는 힘 없이 팔의 힘만으로 휠체어에서 변기로 옮겨 앉는 것은 20대 젊은 남자의 힘으로도 맘대로 되지 않았다.

그날 그 순간 정말 많이 울었다. 휠체어에서 변기로 옮겨 앉지도 못하는 현실에 깊은 좌절감을 느낀 나는 화장실 칸의 벽을 주먹으로 치며 오열했다. 화장실을 가겠다고 시도한 첫날, 휠체어에서 수세식 변기로 옮겨 앉지 못하는 나의 연약한 몸 상태를 직면한 그날을 결코 잊지 못한다.

당시엔 정말 '이렇게 사느니 죽는 게 나을' 것 같았다. 의사는 다리를 절단할 수 있다고 했는데 이렇게 불편한 육체의 중증장애인으로 사느니 그냥 죽는 게 나을 것 같다는 생각에 미치니 살 희망이 느껴지지 않았다. 그날 이후로 화장실에 가는 것을 포기했고 하나님을 향한 원망은 더욱 커져만 갔다.

나는 어려운 환경에서도 의지를 품고 나름대로 열심히 살았다. 아버지 때문에 집을 나와서도 어머니를 모시고 열심히 가장의 역할을 감당하고 있었다. 잠시 세상 즐거움에 빠져서 6개월 정도 예배에 나가지 않았다고 이렇게 평생 장애를 안고 살아가게 하시다니 하나님이 원망스러웠다. '내가 뭘 그렇게 잘못했다고 나에게 이러시는지' 도무지 이해되지 않았다.

나는 내가 선택하지 않은 가정환경으로 인하여 어려서부터 괴로운 유소년, 청소년 시기를 보냈다. 자식은 부모를 선택할 수 없고, 태어날 때부터 부모가 정한 환경에서 자라기 마련이다. 나는 자립준비청년 사역을 시작한 이후로 항상 똑같은 이야기를 한다.

"아이들이 보육원에서 자란 것은 아이들 잘못이 아니다."

아이들이 부모와 헤어져 시설에서 자란 것은 부모의 연약함에서 비롯된 것이다. 그러므로 아이들이 자라난 환경으로 인해 '고아'라고 차별받는 것은 절대로 있어서는 안 될 불평등이라고 생각한다.

첫 수술

한 달 정도 드레싱을 통해 심각하게 타버린 환부가 어느 정도 정리되자 처음 수술 일정이 잡혔다. 첫 수술을 앞둔 전날, 입원 후 한 달가량 제대로 된 샤워를 하지 못한 나는 욕실에 가서 몸을 닦아도 좋다는 의사의 허락을 받았다.

다리를 사용하지 못해 몸을 제대로 가누지 못하는 나를 휠체어에 태워 데려간 욕실은 타일이 깔린 평평한 화장실 바닥 같은 곳이었다. 부끄럽지만 혼자서 몸을 닦을 수도 없어서 팬티만 입은 상태로 차가운 타일 바닥에 주저앉아서 어머니께 몸을 닦는 일을 맡기게 되었다.

어머니는 내가 입원을 하고 환부에 드레싱을 받을 때마다 치료 현장을 피하시고 차마 보지 못하셨다. 치료를 받고 오는 다른 환자들의 이야기를 들으신 어머니는 치료받는 아들의 화상 상처를 직접 볼 용기가 없으셨던 것 같다.

욕실에서 샤워하기 위해 상처를 싸맸던 붕대를 모두 떼어내고 나의 끔찍한 화상 상처를 그날 처음으로 보신 어머니는 너무 놀라셨다. 나를 씻기시는 시간 내내 가여운 우리 어머니는 모든 소망을 걸었던 아들의 끔찍한 화상 상처를 보며 소리 없이 눈물만 흘리셨다. 그날 몸을 닦는 내내 어머니와 나는 얼마나 울었는지 모른다.

한 달간의 치료 과정에서 피부는 물론이고 왼쪽 정강이뼈가 일부 드러날 때까지 깊이 타버린 살을 도려내야 했고, 드러난 뼈는 골수염이 되어 있었다.

첫 번째 수술은 단순히 화상을 입은 피부에 내 넓적다리의 피부를 얇게 떼어서 화상 부위에 붙이는 피부이식을 하는 수준의 수술이 아니었다. 골수염에 걸린 밖으로 노출된 정강이뼈 위로 살을 붙이고, 붙인 살에 혈관을 연결하고, 연결된 혈관의 피가 잘 순환하여 뼈 위에 붙인 살이 녹지 않아야 하는, 정말로 난이도 극상의 화상 수술이었다.

원래 계획은 그렇게 붙인 살 위로 피부를 이식하는 것뿐만 아니라 나머지 상처에도 피부를 이식하는 대수술이었는데, 의사의 설명대로라면 수술이 진행되고 6시간 30분이 지나면서 더 이상 수술을 감당할 몸 상태가 아니었다고 한다. 수술은 중단되었고, 이렇게 첫 번째 수술은 미완으로 끝났다.

회복실을 거쳐서 병실로 돌아온 나는 왼쪽 무릎 아래 정강이 위로 커다란 살덩어리를 얹어 놓아서 불쑥 솟아오른 흉측한 수술 부위를 보게 되었다. 왼쪽 다리의 피부이식은 하다가 만 상태였고, 오른쪽 다리는 피부이식을 조금도 하지 못한 처음 상태 그대로였다. 수술 후에 나름 예쁘게 회복될 것을 기대한 나는 큰 실망과 좌절감에 빠지게 되었다.

수술 다음 날, 실망하고 있는 나에게 과장님은 당당한 표정과 말투로 "이번 수술이 실패했다면 당신의 다리는 절단을 피할 수 없었는데, 다행히 수술이 성공하여 왼쪽 다리를 지킬 수 있게 되었다. 몸이 좀 회복되면 다음 수술 때는 수술하지 못한 다른 부위에 피부이식을 할 계획이다"라고 짧게 말하고는 횡하니 가버렸다. 주치의는 이번 수술이 매우 어려운 수술이라서 사진을 찍어 일본에서 있을 학회에 보고할 예정이라고 하였다.

화상을 한 번이라도 당해본 분들은 짐작하실 텐데, 가벼운 화상은 시간이 지나면 상처가 아물고 흉터도 거의 남지 않지만, 깊은 화상을 당하면 치료가 끝나도 끔찍한 흉터가 남아서 평생에 트라우마로 남는다.

화상 병동의 환자들은 입원 후 피부이식 수술을 기다리면서, 그래도 수술 후에는 심한 흉터가 사라지고 원래의 피부처럼 회복될 것이라는 희망을 품는다. 나도 그랬다. 지금은 살을 붙여서 불쑥 솟아오른 정강이도 시간이 지나면 가라앉고, 흉터를 긁어내고 피부를 이식한 피부도 시간이 지나면 원래의 피부처럼 자연스러워질 것이라는 희망을 포기하지 않고 있을 때였다.

첫 번째 수술을 마치고 얼마의 시간이 흐른 후 왼쪽 다리 무릎 아래로 오랜 시간 서서히 불에 타서 대부분 소실된 근육부분은 살이 어느 정도 차올라도, 피부이식을 받아도 재생되지 않는다는 것을 알게 되었다. 시간이 지나도 발목 아래로는 전혀 움직일 수 없다는 것을 깨닫게 되었다.

나를 지켜준 익명의 기도들

입원하고 시간이 조금 지나자 회사의 상사, 동료들에게 소식이 전해졌다. 회사는 부랴부랴 다른 직원을 현지로 파견하고, 나는 휴직에 들어갔다.

당시만 해도 휴가 중에 다친 직원에게는 산업재해 처리를 해주지 않았다. 규정상 휴직 초반에는 약간의 월급이 나왔으나 그것도 잠시, 곧 무급휴직으로 전환되었다. 그 뒤로는 언제까지 휴직해야 하나 확인하며 최대한 휴직을 연기해주는 것으로 최대한의 호의를 베풀었다.

입원하고 처음에는 심한 화상 치료와 정신적 충격으로 다른 것을 생각할 여유가 없었는데 치료가 단기간에 끝나지 않을 것이라는 예상과 함께 병원에서 입원, 치료, 수술 비용이 청구되면서 당면한 현실적인 돈 문제로 심각한 고민에 빠지게 되었다.

함께 등산을 가서 사고를 당했어도 털끝도 상하지 않은 과장님의 가족이 입원 초반 몇 번 다녀가셨지만, 나는 그분들에게 어떤 원망도 하지 않았다. 왜 자기 전에 가스등을 끄지 않아서 내 다리를 이렇게 다치게 했는지 원망할 여유도 없었다. 당시에 나는 너무 어렸고, 세상을 잘 몰랐고, 내가 당한 사고는 내 힘으로 스스로 해결해야 한다고 생각했다.

그동안 회사에서 받은 적은 월급이나마 두 식구가 먹고살면서도 매월 적지 않은 금액의 적금을 들어 1년 만에 5백만 원을 모았으나 그렇게 모아둔 돈이 초반에 입원비, 치료비, 수술비로 다 들어가면서 치료비에 대한 앞날이 예측되지 않았다. 고맙게도, 다니던 회사에서 직원들이 모금해서 전달해주었지만 길어지는 입원과 계속되는 수술로 얼마 지나지 않아 모두 소진되어 가고 있었다.

그러는 사이 어머니는 나 몰래 내가 가장 싫어하는 일을 벌이고 계셨다. 내가 가장 소중하게 여긴 대학교수의 꿈을 포기하면서까지 떼어낸 아버지와의 사실혼 관계를 나 몰래 다시 이어가고 있었던 것이다. 그간 1년 반 동안 내가 온갖 고생을 하면서도, 아버지의 협박과 회유에도 버티며 막으려 했던 두 분의 재결합이 '더 이상 감당할 수 없는 치료비 때문'이라는 핑계로 다시 이루어지고 있었다.

어느 날 아버지가 슬그머니 어머니와 함께 병실로 찾아와 앞으로 병원비는 걱정하지 말라더니 병원비를 핑계로 어머니와 다시 만나기 시작했다. 누워서 아무것도 할 수 없는 상황이었지만 아버지의 집착과 어머니의 의존에 화가 나 견딜 수가 없었다. 병실로 찾아오는 아버지의 얼굴을 보는 것이 정말 힘들었고 그동안의 모든 고생이 수포로 돌아간 것 같았다.

회사는 이익집단이다 보니 초반에 반짝 소수의 직원이 다녀간 뒤로 거의 발길이 끊어졌으나 교회는 달랐다. 사고가 나기 전 약 6개월간 교회에 발길을 끊고 청년부에도 전혀 나가지 않는데 사고 소식을 듣고 청년부에서 병문안을 와주셨다.

처음 오신 분은 이경숙 누나였다. 경숙 누나는 내가 예전에 청년부에 잘 나갈 때는 알지 못했던 분으로, 나와 나이 차이도 제법 많이 나는 분이었다. 청년부를 나가지는 않지만 누나의 조에 배정되어 있었는데, 누나는 얼굴 한번 보지 못한 조원이 사고로 입원했다는 소식에 병원으로 달려와 주셨다.

마음속으로는 고맙기도 했지만, 당시는 하나님에 대한 원망이 극에 달한 시점이라서 입으로 뱉은 말들은 순하지 않았을 텐데 누나는 이후로 내가 퇴원하는 8개월 반이라는 긴 시간 동안 정기적으로 병원을 방문해주셨다.

누나가 다녀간 뒤로 대학원 후배이면서 동안교회에 다니던 자매 한 명도 병문안을 와주었다. 대학원에서 안면 정도만 있었던 후배였는데 사고당한 처지를 딱하게 여긴 후배는 이후에도 계속 위로의 방문을 해주었다. 지금 생각해도 누나와 후배에게 감사의 마음을 제대로 표현하지 못한 것이 참 미안하다.

지금까지도 또렷하게 기억나는 한 장면이 있다. 지금 그 분의 성함은 정확히 기억나지 않는데, 당시 청년부 담당이던 목사님이 경숙 누나와 함께 찾아오셔서 중화상으로 병상에 누워있는 내게 이렇게 말씀하셨다.

"하나님께서 최상규 형제님을 많이 사랑하시는 것 같습니다."

그 말씀을 듣는 순간 속이 뒤틀렸다.

'사랑! 사랑한다고? 사랑하는데 나에게 이렇게 하신다면, 두 번만 사랑하면 그냥 죽이겠네.'

목사님의 말씀을 들었을 때 정말 그런 생각이 들었다. 지금도 어렴풋이 목사님의 인상이 떠오른다. 목사님은 인자하신 얼굴로 조용하게 말씀하셨는데, 나는 그 말씀이 도저히 용납되지 않았다. 최소한 나의 입원이 7개월을 넘기 전까지는….

경숙 누나를 통해 청년부에서 많은 분이 기도해주고 있다는 소식을 들었다. 특별히 새벽기도를 드리는 분들까지 계신다고 했다. 당시 강도 만난 이웃 같은, 잘 알지도 못하는 나를 위해 간절히 기도해주신 분들 덕분에 절단할 수도 있었던 다리가 지켜지고, 이렇게 두 다리로 걸으면서 살아가고 있다고 생각하면 얼마나 감사한지 글을 쓰고 있는 지금 이 순간에도 감사한 마음에 눈물이 가득 고인다. 혹시라도 당시에 찾아오신 분들에게 불쾌하게 대한 부분이 있었다면 용서를 구하고 싶다.

남겨두신 상처의 의미

화상 치료가 진행되고 피부이식수술을 계속 받아도 피부의 흉터는 외견상 그다지 개선되지 않았고, 화상의 후유증으로 발생하는 장애는 늘어나고 있었다. 3도 이상의 화상은 시간이 지나도 피부가 스스로 재생되지 않기에 반드시 피부이식을 받아야 했다.

8개월 반을 입원해있는 동안 3번의 대수술과 3번의 작은 수술로 총 6번의 수술을 받았다. 입원했던 6인실에는 그 오랜 시간 정말 많은 환자가 입퇴원을 반복했다. 침대 서열도 바뀌어 병실 문가에 있던 내가 어느덧 최고참으로 밖이 잘 보이는 창가 옆에 가 있었고, 이제 병실에서 내게 텃세를 부릴 환자나 보호자도 없었다.

여름에 입원한 나는 병실 침대에 누워 창문을 통해 낙엽이 지는 것을 보며 가을이 왔음을 알았고, 눈이 내리는 하늘을 보며 겨울이 온 것을 알았고, 꽃이 피는 것을 보며 봄이 된 것을 알았다. 이렇게 병실 안에서 계절이 바뀌는 것을 보며 여전히 병상에서 아무것도 할 수 없는 처지에 한없는 좌절감에 빠져 있었다.

입원이 길어지는 동안 머릿속에는 오로지 빨리 회복이 되어 나가서 회사에 복직해야겠다는 한 가지 생각밖에 없었다. 휴직 기간이 길어지면서, 회사에서 이대로 가면 더는 휴직을 연장할 수 없다는 경고성 메시지를 전해 오니 점점 더 초조해졌다. 늘어나는 병원비를 감당하는 것도 이제 어려울 수 있겠다는 걱정도 큰데, 자칫하면 퇴사 처리가 될지도 모른다는 위기감까지 더해지자 하루하루 병상에 누워있기가 너무 힘들고 괴로웠다.

입원 이후 약 7개월 정도의 시간이 지나고 있었다. 이런 초조함과 위기감 속에서 한 번 한 번 피부이식 수술이 더해지면서 조금만 더 있으면 퇴원할 수도 있겠다는 희망이 생길 무렵, 환부는 이제 왼쪽 발목의 복숭아뼈 위에 새끼손톱 크기만 한 작은 상처 하나만 아물지 않은 상태로 남아 있는 정도였다.

그런데 이 작은 상처 위에 피부를 이식해서 올려놓으면 다음 날이면 여지없이 녹아버리는 일이 반복되었다. 이제 이 피부이식만 성공하면 퇴원하고 복직도 할 수 있는데, 그동안의 피부이식을 한 환부의 크기와는 비교도 안 되게 작은 상처가 계속 말썽을 부리니 정말 미칠 지경이었다.

수술이 여러 번 실패하는 동안 의사도 고개를 갸우뚱했는데 이유는 간단했다. 작은 상처에 남은 염증 때문이었다. 화상의 상처가 너무나도 깊은 데다 골수염까지 동반해서 치료 초기부터 정말로 독한 항생제를 입원 기간 내내 하루에 두 병씩 온종일 맞고 있었는데도 이상하게 그 작은 상처의 염증이 해결되지 않았다.

입원 기간 7개월 이후 작은 상처의 염증을 해결하지 못하여 누차 피부이식에 실패하고 퇴원하지 못하며 질질 끈 시간이 무려 한 달 반이었다. 거듭 피부이식이 실패하면서 회사 복직을 위해 아무리 조바심을 내고 초조해도 내 맘대로 되는 것은 아무것도 없었다.

이런 상황이 길어지면서 어느 시점에선가 갑자기 나의 마음에 전에는 한 번도 생각해본 적 없는 한 가지 깨달음이 왔다.

'가스등에서 나온 일산화탄소 중독으로 과장님이 정신을 잃었다면, 나도 일산화탄소 중독으로 정신을 잃고 그 자리에서 죽을 수도 있었겠구나. 시간이 조금만 더 지났으면 이미 난 죽었겠구나.'

'가스등의 불로 화상을 입은 걸 보면 그 불이 텐트로 옮겨붙었기에 누군가 발견하고 불을 끄고, 쓰러져 있는 과장님과 나를 구해주었겠구나.'

초등학교 시절에 살던 한옥은 연탄으로 온돌난방을 하던 집이었다. 어린 시절, 나는 그 집에서 일산화탄소 중독으로 목숨을 잃을 뻔한 경험을 하면서 그 위험성을 알게 되었다. 그래서 이런 생각이 든 순간 지난 7개월간 하나님을 향했던 원망은 어느 순간 거짓말처럼 사라지고 생명을 살려주신 것에 대한 감사로 바뀌었다.

또한 '죽을 수도 있었던 나를 하나님이 다시 살려주신 것이라면, 덤으로 살게 된 이 인생을 앞으로 어떻게 살아야 하나?'라는 고민에 이르게 되었다. 지금 생각해봐도 참으로 극적인 생각의 전환이었다.

만약 입원 7개월 즈음에, 남아 있던 그 상처의 피부이식까지 내가 바라고 계획한 대로 깔끔하게 마무리되었다면 나는 하나님을 원망하는 마음 상태로 퇴원했을 것이다. 하나님께서 작은 상처의 염증을 남겨두어 피부이식이 여러 차례 실패하도록 하면서까지 내 마음이 바뀔 기다리셨다고 생각하면 나를 향한 주님의 인내하심과 기다려주시는 은혜에 그저 감사한 마음뿐이다.

내가 청년부를 가장 열심히 다닐 때 같은 조에 있었던 자매가 입원 중인 내게 《조지 뮬러의 일기》라는 책 한 권을 선물로 주고 갔었다. 당시 치료를 받느라 정신적 여유도 없었고, 기독교 서적을 읽을 만큼 하나님께 좋은 감정도 아니었기에 선물로 받은 책은 침대 옆 선반 위에 놔둔 채 읽어보지 않았다. 그런데 갑자기 그 책이 내 눈에 들어왔다.

그날 책으로 읽은 조지 뮬러 목사님은 내 믿음의 크기로는 도저히 이해가 안 되는 분이었다. 평생에 5만 번 이상의 기도 응답을 받은 사람, '영국 브리스톨 고아들의 아버지'로 불리는 그 분은 고아원[1]을 운영하며 필요한 돈이나 물품을 오로지 기도를 통해서만 공급받으셨다.

책 내용에 의하면, 아이들을 위한 돈이나 빵이나 우유가 필요하면 그는 기도했다. 필요한 것을 구하기 위해 누구에게도 연락하거나 부탁하지 않았고, 찾아다니지도 않았다. 그렇지만 아이들에게 필요한 것은 언제나 필요한 시점에 정확하게 그리고 극적으로 공급되었다.

---

[1] 교회에서 선한울타리 사역을 설명할 때 성도들의 이해를 돕기 위해 '고아', '고아원'이라는 단어를 사용한다. 그러나 평상시에는 가급적 사용하지 않는다. 보호대상아동이나 자립준비청년들에게 상처가 되는 단어이기 때문이다.

책을 읽는 내내 '이게 가능해?', '이게 정말 가능하다고?' 하며 두껍지 않은 책을 빠른 속도로 읽어 내려갔고, 책을 모두 읽은 후 마음속으로 조용히 기도했다.

'하나님. 저는 지금 가진 게 아무것도 없어요. 그렇지만 나중에 돈을 벌고 여유가 생기면 저도 고아원을 해서 부모가 없는 아이들을 돕고 싶어요.'

내 마음에 중생, 거듭남에 대한 감사가 생기고 하나님께서 주신 마음의 소원이 생기고 난 후, 남았던 작은 상처의 염증이 사라졌고 이식한 피부도 더 이상 녹지 않았다. 끝나지 않을 것 같았던 8개월 반이라는 긴 치료 시간이 마무리되고 드디어 퇴원하게 되었다.

짧았던 복직 기간

퇴원을 준비하기 위해 침대에서 처음 몸을 일으킨 그 순간을 잊을 수가 없다. 며칠 후면 퇴원을 할 수 있다는 의사의 말에 마음이 급해진 나는 바로 침대에서 몸을 일으켜 내 힘으로 스스로 서보려고 하였다. 하지만 8개월 반 동안 한 번도 똑바로 서보지 않았던 나는 침대에서 간신히 몸을 세우는 순간 바로 자빠질 뻔했다. 8개월 동안 사용하지 않은 다리는 아무 힘도 없었고 일어서는 순간 심한 어지럼 증세까지 더해져 하마터면 크게 다칠 뻔했다.

양쪽 다리에 장애를 입은 데다 다리에 근육도 없어 퇴원 당일에도 휠체어를 타야 했다. 이 다리로는 더 이상 다가구주택의 재래식 화장실을 사용할 수 없어서, 어머니는 나를 위해 인천의 낡고 가장 작은 평수의 저렴한 아파트를 그나마 금액 대부분을 대출로 장만했다. 다행히 수세식이라서 화장실을 사용할 수 있었다.

왼쪽 다리는 무릎 아래로 바깥쪽 근육이 불에 소실되어 재생불가였고, 발목도 힘이 없는 상태로 움직이지 않았다. 오른쪽 다리는 그나마 나은 상태였지만 불화상으로 아킬레스건이 심하게 손상되었고 무릎 아래 안쪽으로 인대와 근육의 손상이 심해서 발의 바깥쪽으로 버티며 걸어야 했다.

이런 상황이어도 회사에서 더 이상의 휴직 연장은 어렵다고 마지막 경고를 해왔기 때문에 나는 퇴원 일주일 후면 복직해야 했다. 그때 복직을 못 하면 나와 어머니는 살아갈 길이 막막했다. 그래서 나는 바로 목발을 사서 필사적으로 걷는 운동을 시작했다.

30여 년 전 의술이다 보니 피부이식을 한 피부는 너무 약해서 신발이 조금만 딱딱하면 바로 피부가 벗겨지고 피가 났다. 조금만 걸어도 다리의 통증으로 견디기 어려웠다. 하지만 난 더 이상 물러설 곳이 없었다. 내게 남은 건 정신력밖에 없었다. 주어진 일주일 동안 무작정 목발을 짚고 길을 걸으며 재활에 매달렸다. 고통으로 울어가면서도 포기하지 않았다.

피부가 벗겨지지 않도록 최대한 편한 신발을 신고, 서울로 물리치료를 받으러 갈 돈도 시간도 없어 혼자서 일주일의 피나는 재활을 한 끝에 회사로 복직하기로 약속한 날 목발에 의지해 마을버스, 지하철을 타고 계단을 오르내리며 출근에 성공했다.

회사 사람들은 반갑게 맞아주었지만 회사는 역시 이익집단이었다. 사고 전에 홍콩과 유럽으로 해외 출장을 다니고 해외지사 발령도 받았지만, 복직 후 다리가 시원찮은 사원이 갈 수 있는 나라는 없었다. 중국지사 파견도 이제 나의 몫이 아니었다.

재고 의류를 팔기 위해 신시장 개척의 특명을 받아 중동시장 조사를 하고 출장 계획을 세웠지만, 막상 출장은 다른 직원을 보내려고 했다. 함께 출장을 준비한 선배 직원과 사수 과장님이 윗분들을 설득해주신 덕분에 출장을 가기는 했지만, 회사에서 나의 입지는 전과 완전히 달라져 있었다. 대학원까지 나와서 대리 진급도 누구보다 빨리 될 예정이었지만, 긴 휴직으로 오히려 후배들보다도 진급이 늦어지게 되었다. 회사에서의 미래는 불투명해졌다.

용감하고도 무모한 창업

이런 와중에 솔깃한 제안이 들어왔다. 집안이 유복한 고등학교 친구 하나가 동업을 제안했다. 그는 자기 아버지를 설득해 큰 금액을 투자할 테니 함께 사업을 하자고 했다.

사고 전부터 나는 회사에서 러시아 상인을 상대로 보따리 장사를 하는 분들을 담당하고 있었다. 소련의 민주화로 러시아 소매시장은 급속히 성장하고 있었고, 매주 많은 러시아 상인이 달러 현금을 가지고 옷을 사러 회사에 방문했다. 이때마다 이들을 데리고 들어오는 한국 사람들이 있었는데 처음에는 정말 보잘것없는 영세 상인들이었지만, 복직하고 보니 이들의 규모가 성장해 나름 회사의 형태를 갖추고 있었다.

사고 전부터 회사에서 빠릿빠릿하게 일 잘하기로 인정받았던 나는 여러 단골 고객과 친분이 있었다. 동업 제안을 받고 나는 러시아 상인을 상대하는 이들 상인들과의 사업을 구상했다.

소규모 회사라 월급도 많지 않은데, 다친 몸으로는 승진이나 해외지사 발령도 물 건너간 상황이었다. 오랫동안 휴직을 연장하며 배려해주신 이사님과 부장님에게는 죄송했지만 현실적인 고려를 할 수밖에 없었다. 결국 스물여덟이던 1996년에 친구 아버지의 투자를 믿고 친구와 창업하기 위해 회사를 떠났다.

투자자가 친구의 아버지였기에 개인사업자의 대표는 친구 이름으로 했지만, 친구는 사업이 처음이어서 내가 모든 실무를 책임지고 준비해 나갔다. 병원에 입원한 시간을 제외하면 회사 경험이 1년도 안 되는 나는 무모하리만큼 용감하게 창업했다.

아버지의 4층 건물에 사무실을 내준다는 친구의 약속을 믿고 찾아간 곳은 정상적인 사무공간이 아닌 옥상 물탱크 옆, 몇 평 안 되는 초라한 공간이었다. 큰 실망감이 밀려왔지만 조금 있으면 4층에 사무실을 마련해준다는 친구의 약속을 다시 한번 믿었다.

사업을 시작하고 내가 얼마나 순진했는지 깨닫기까지는 얼마 걸리지 않았다. 회사에 다닐 때 거래했던 한국인 사장님을 찾아가 사업을 제안했지만 "왜 이렇게 회사를 일찍 나왔냐?"라는 질문과 함께 냉랭한 태도만 돌아왔다. 회사에 있을 때 젊은 내가 대접을 받은 것은 내가 잘나서가 아니라 회사 때문이라는 것을 몰랐다. 회사를 나온 나는 그들에게 아무것도 아니며, 이용 가치가 없는 하찮은 존재에 지나지 않았다.

이러한 경험을 몇 번 당하고 처음의 기세가 꺾일 무렵 아버지가 "네가 사업으로 자리를 잡으려면 시간이 걸릴 것이다. 나는 영어, 중국어를 못 해서 오퍼상을 끼고 장사를 하고 있는데, 남에게 수수료를 주느니, 내가 원하는 제품을 수입해주면 네게 수수료를 주겠다"라고 제안하셨다.

아버지는 나이 마흔에 할아버지가 돌아가시며 남긴 유산을 거의 탕진하고 남은 자본이 없었다. 사업은 해야겠기에 고객이 필요한 제품을 중국에서 수입해주며 수수료를 받았는데, 그것도 무역 업무를 모르고 외국어가 안되다 보니 오퍼상에게 수수료를 주고 중간에서 약간의 이익만 챙기고 있었다.

급한 대로 그 제안을 받아들였다. 아버지가 취급하는 제품에 대해 아는 것은 없었지만 제품에 대한 정보는 아버지에게 배우며, 중국어와 영어가 가능했기 때문에 중국에서 아버지가 원하는 제품을 수출하는 업체들을 찾는 것은 어렵지 않았다.

창업 후 처음의 계획과는 다른 방향으로 사업이 흘러가면서 아버지는 어머니와 내가 사는 인천의 작은 아파트를 드나들며 다시 어머니와 사실혼 관계를 회복하려고 하였다. 결국, 다시는 어머니를 때리지 않겠다는 약속을 하고, 그 작은 아파트에 슬그머니 들어오셨다. 참으로 질긴 인연이었다.

두 만남

퇴원 후, 인천의 아파트로 이사한 나는 가까운 교회를 찾았다. 거리가 멀고 다리도 불편했기에, 어릴 적부터 다니던 서울의 동안교회를 떠나 인천의 새로운 교회에 출석하게 되었다. 같은 장로교회여도 교단이 달라선지 교회 분위기는 매우 보수적이었다.

중등부 교사로 봉사를 시작해 매주 아이들과 공과 공부를 하고, 간식을 사주며 가까워지려고 노력했다. 여름방학이 되어 교회 중고등부 여름 수련회에 참석했다. 수련회 밤에 전도사님은 뜨거운 집회를 인도하시며, 교사들에게 학생들 옆으로 가서 아이들을 위해 기도해주도록 요청하셨다. 예전 교회에서 3-4학년 유년부 어린 학생만 맡았고, 아직 나조차도 하나님을 인격적으로 만나지 못했기에 전도사님의 기도 요청에 어떻게 해야 할지 몰라 당황스러웠다.

집회 장소의 모든 불은 꺼졌고, 다른 교사들이 학생들을 찾아가서 그들에게 손을 얹고 기도해주는 모습을 보면서도 나는 내 자리에서 한 발자국도 움직이지 못하며 주저하고 있었다. 그러다 그 자리에 바로 엎드려 하나님께 간구하였다.

"제가 하나님을 먼저 만나야 아이들을 위해 기도할 수 있습니다. 하나님, 지금 이 시간 이 자리에 오셔서 저를 만나주세요."

주님께 떼를 썼다. 한참을 그 자리에 엎드려서 제발 나를 만나달라고 큰 소리로 하나님께 간절히 기도하고 있는데, 정말 성령 하나님이 오셨다. 엎드려 기도하는 등 뒤로 갑자기 어떤 형체 같은 것이 다가왔고, 불현듯 성령님이 임재하셨다는 것을 느꼈다.

전에는 성령님이 오시면 행복할 줄 알았다. 그런데 성령님의 임재가 느껴지는 순간 든 감정은 행복감이 아니라 두려움이었다. 간절히 그분의 임재를 구했지만, 죄인 중의 죄인인 나는 성령님의 임재를 감당하지 못하고 정말 깊은 두려움을 느꼈다. 거룩하신 임재 앞에서 당장 죽을 것만 같은 두려움에 사시나무 떨듯 떨며 '하나님, 하나님의 임재를 감당하지 못하겠습니다. 하나님, 죽을 것만 같습니다. 제발 저를 떠나주십시오'라고 기도했다.

주님은 그날 밤 나의 기도에 응답하셨고 나를 만나주셨다. 초등학교 시절 매일 밤 자기 전 기도하면 몸이 뜨거워지는 이유를 알지 못했는데, 나중에 커서 교회 어른들로부터 "네가 기도할 때 성령님 때문에 네 몸이 뜨거웠던 것"이라는 설명을 들었다. 그리고 이후 성인이 되어 정말로 '두려운' 성령의 임재를 경험했다.

이렇게 새로운 교회에서 신앙생활을 하며, 어렵지만 사업을 조금씩 키워나가고 있던 어느 날, 다니던 회사의 사수였던 형님으로부터 전화가 왔다. 오늘 저녁에 퇴사 직원들의 친목 모임이 있으니 꼭 나오라는 거였다. 그날 저녁 다른 약속이 있었고 사실 사업 초기라 돈도 없어서 망설였지만, 거절하지 못하고 나가게 되었다.

약속 장소에는 퇴사한 같은 부서 차장님, 과장님을 비롯해 몇 사람이 나와 있었는데, 그중에 낯익은 여성이 한 명 있었다. 그날 모임이 1차, 2차 지나면서 사람들은 대부분 귀가했고, 마지막 3차에는 차장님과 그 여성분만 남아 있었다.

급기야 차장님도 귀가하시고 그 여성분과 동네 공원에서 이런저런 이야기를 나누고 헤어졌다. 그때까지만 해도 그렇게 모임에서 우연히 만난 예전 회사 직원과 결혼하게 될 줄은 생각도 못 했다.

나는 호적에도 올라 있지 않은 작은부인의 아들이었다. 세상 사람들은 내 어머니 같은 여인을 첩이라고 불렀다. 사극에 자주 나오는 캐릭터로 어릴 적부터 사극을 보다가 그 단어가 나오면 마음이 상해서 보던 TV를 꺼버렸다.

나는 이성 교제에 대하여 참 보수적이었고 여자친구를 사귀려면 늘 이 사람이 결혼 상대가 될만한지를 신중하게 고민했다. 그런 데다 결혼 상대자에게 어머니에 대해 설명해야 한다는 강박에 눌리다 보니 언제나 연애는 경직되고 오래가지 못해서 결혼 전까지 3개월 이상을 만난 여자친구가 없었다.

다리에 큰 화상을 입은 후로 연애는 더욱 힘들어졌다. 다행히 긴 바지를 입으면 다리의 화상 흉터는 보이지 않았고, 젊어서는 자세히 보지 않으면 다리를 저는 것도 눈치채지 못했기에 처음에 사람을 소개받으면 곧 호감을 얻고 결혼 제안을 받기도 하였다.

그렇지만 양심상 상대방을 속일 수는 없어서 어머니에 관한 이야기와 화상으로 인한 흉터와 장애를 솔직하게 설명하면 이야기를 듣던 여자분은 바로 불쾌한 안색이 되고 당황하며 자리를 떴다. 이런 경험을 하고 나니 이성 교제에 자신이 없어져 결혼을 포기하고 친구들과 노는 것에만 빠져 있었다.

지금 내 아내가 된 그녀는 의상 디자이너로 3층 디자인실에서 근무했지만 나와는 담당 지역이 달라서 한 번도 함께 일한 적이 없고, 등산 모임에서 동료들과 함께 등산을 간 적은 있으나 대화를 나눠본 적도 거의 없었다. 그런데 그 자리에서 다시 만난 이후 연애를 시작하게 되었다.

나는 처음부터 나의 상황을 솔직하게 터놓았다. 가장 큰 장애물인 어머니 이야기, 화상으로 인한 흉터와 장애도 숨김없이 고백했다. 그동안 만났던 사람들과 달리 아내는 화상 흉터와 장애에 대해서 쿨하게 받아들여주었다.

"내가 상규 씨를 회사에서 처음 만났을 때, 상규 씨는 건강하고 정상이었어요. 나는 그때의 상규 씨를 기억해요. 지금 비록 다쳐서 흉터가 있지만 크게 문제 될 것은 없어요."

"참 많이 힘들었겠다"

그러나 아내가 부모님에게 내 이야기를 했을 때 아버지의 심한 반대에 부딪혔다. 아내는 부모님에게 나에 대하여 솔직하게 말씀드렸다. 화상으로 장애를 얻었고, 돈 없이 사업을 시작해서 아직 아무것도 이룬 게 없다는 것을 이야기했다. 처가의 부모님은 두 분 모두 교육 공무원으로 부자는 아니었지만 안정된 삶을 유지하고 계셨다. 그런 두 분의 눈에 나는 가난한 집안의, 백수와 다를 바 없는 형편없는 사윗감에다가 다리까지 불편한 지체 장애인이었다.

한번은 장인어른이 교감으로 계시던 학교 앞 식당으로 나를 부르셨다. 장인은 식당 주인에게 나를 아는 후배(사윗감이 아니라)라고 소개하며 방으로 데리고 들어가셨다. 그 방에서 장인어른과 단둘이 식사하며 술을 마셨다. 장인어른은 견디기 힘들 만큼 많은 술을 권하시고, 나에게 최대한 모욕감을 주어 내가 스스로 결혼을 포기하도록 유도하셨다.

그날 장인어른을 먼저 보내드리고 택시를 탄 후 차 안에서 과음으로 정신을 잃었다. 간신히 사무실로 돌아온 후 아내에게 전화를 걸어 장인어른과 있었던 일을 이야기하다가 참 많이 울었다. 그렇지만 우리는 포기하지 않고 교제를 이어 나갔다.

결혼 전에 아내가 부모님에게 차마 말씀드리지 못한 한 가지는 내 어머니가 작은부인이라는 사실이었다. 아내는 이것까지 이야기하면 도저히 결혼 승낙을 받을 수 없으니 혼나더라도 나중에 이야기하자며 나를 설득했다.

결혼하고도 시간이 한참 지난 후 아버지가 이복누이의 집으로 가시고 어머니만 우리 가족과 함께 살게 되면서 두 분의 관계가 처가에 들통나고 말았다. 결혼 후 우리가 모시고 살던 아버지가 갑자기 보이지 않자 장모님은 아내에게 이유를 물으셨고, 아내는 혼날 각오로 자초지종을 이야기했다.

얼마 지나지 않아 처가를 방문했는데, 장인어른을 뵐 일이 걱정이었다. 저녁 식사를 하고 장인어른 옆에 앉아 있는데 바늘방석에 앉은 것 같았다. 부모를 속였기 때문에 뭐라고 야단을 치셔도 드릴 말씀이 없었다. 그날 장인어른은 딱 한 말씀만 하셨다.

"네가 살면서 참 많이 힘들었겠다."

짧게 주신 그 한마디가 얼마나 위로가 되었는지 모른다. 아무 말씀도 드리지 못했다. 장인어른은 이날 이후로 한 번도 우리 가정에 관해 묻지 않으셨다. 장모님은 아내에게 설명을 들으신 후 지금까지 야단은커녕 한마디도 하지 않으셨다.

결혼의 마지막 관문

직장을 나와서 만난 아내는 만날수록 참 점잖고 안정된 사람이었다. 우리 부모님은 아내를 처음 만난 날부터 마음에 들어 하셨고, 우리 형편에 과분한 사람이라고 여기셨다.

그렇지만 결혼 전에 아내에게 약속받아야 할 두 가지 조건이 있었다. 연애하면서 아내가 나를 참 많이 좋아해주었기에 자신감을 갖고 아내에게 나와 결혼하려면 두 가지 조건이 있다고 말하였다. 지금 생각하면 참 가당치도 않은 모습이지만 아내는 나를 사랑하였기에 부족한 그런 모습조차도 용납해주었다.

첫 번째 조건은 결혼하면 교회에 나가야 한다는 것이었다. 연애하면서 장모님이 천주교 신자로 성당에 나가시는 것을 알았다. 장인은 영세를 받으셨지만 성당에 나가진 않으셨고 아내는 천주교 신자도 아니었다. 아내는 "지금은 교회에 나가지 않지만 결혼하면 나가겠다"라고 약속했다.

두 번째 조건으로, 나는 어머니에게 유일한 아들이기 때문에 지금 당장은 아니지만 나중에 어머니를 모시고 살아야 할 수도 있다고 말했다. 아내는 이 또한 주저 없이 받아주었다. 결론적으로 말하면 용기 있는 두 가지 조건은 지금 모두 실현되었다.

간신히 처가로부터 결혼 허락을 받는가 했는데 마지막 어려운 관문이 남아 있었다. 장인어른은 결혼의 최소한의 조건으로 자가(自家)를 원하셨다. 집의 위치, 가격은 따지지 않으셨지만 자가이길 원하셨다. 내가 사는 인천의 아파트는 저가였지만, 그 집값조차도 대부분 대출을 받아 살 정도로 어려운 형편이었기 때문에 결혼을 위해 내 집을 새로 마련하는 것은 불가능했다.

아버지에게 평생 처음으로 돈을 부탁드렸다. 아버지에게 현금이 없는 것을 알았기 때문에 시골의 선산을 담보로 대출을 받아주시면 내가 벌어서 갚겠다는 조건이었다. 내가 감당할 수준의 금액을 말씀드렸고, 갚을 자신도 있었다.

아버지는 큰집에 가서 상의해보겠다고 하셨지만 바로 거절하셨다. 이복형제들에게는 결혼할 때마다 적잖은 돈을 마련해주셨지만, 나를 위해서는 고작 현금 백만 원을 봉투에 담아 어머니 편에 전달하셨을 뿐이었다. 아버지가 정말 원망스럽고, 고작 백만 원 받고 결혼자금 지원받았다는 소리를 듣고 싶지 않아서 바로 돌려드렸다.

결국 어머니가 함께 살던 인천의 아파트에서 나가서 가까운 동네에 있는 보증금 백만 원에 월세 십만 원의 단칸방으로 이사하셨다. 아들의 결혼을 위해 어머니가 하신 마지막 희생이자 양보였다. 미안한 마음에 어머니가 이사 가신 단칸 월세방을 한 번도 가보지 못했다.

어렵게 마지막 관문을 통과한 후 내 힘으로 아내를 위한 결혼반지 하나를 혼수로 준비하여 결혼식을 치렀다.

결혼 1주일 만의 환난

결혼을 진지하게 고민할 무렵부터 경제적인 부분을 신경 쓰기 시작했다. 친구와 동업을 시작한 지 1년이 되도록 친구의 아버지는 처음에 약속한 투자금의 10분의 1도 안 되는 금액을 투자하고는 더 이상 약속을 지키지 않았다. 사무실은 빌딩 꼭대기 층의 물탱크 옆 협소한 창고 같은 곳을 주셨고, 몇 달 후 4층 사무실 공간을 내주셨지만 임대료를 받으셨다.

아버지의 제품 수입으로 받는 대행 수수료로는 수입이 너무 적어서 내가 중국에서 직접 제품을 수입해 판매하기 시작했다. 적은 자금으로 사업을 운영하다 보니 업체에서 약속어음이나 가계수표를 받으면 중국으로 송금하는 달러를 환전하기 위해 높은 이자를 주고 수표(어음)를 할인했는데 시간이 지나면서 동업하는 친구의 아버지가 이 수표(어음) 할인을 해주며 높은 이자를 받았다. 약속한 투자금은 10분의 1도 내놓지 않으면서 사무실 임대료 징수, 수표(어음)의 고리 할인까지 하는 행태에 실망감이 커져갔다.

1997년이 되고 그해 11월이면 결혼해야 하는데 아무리 열심히 일해도 임대료와 수표(어음) 할인 이자를 주고 나면 한 달에 50만 원도 집에 가져다주기 어려웠다. 이대로라면 결혼해도 기본적인 생활비를 가져다줄 수 없었기 때문에, 결혼을 몇 달 앞두고 친구와의 동업을 정리했다.

이 사실을 알렸을 때, 그녀는 전화기에 대고 한참을 울었다. 처음부터 좋은 신랑감은 아니었지만, 결혼이 코 앞인데 사업을 할 자본도 없이 동업까지 그만둔 결정이 너무 무모하고 앞으로 어떻게 살아갈지 막막하게 느껴졌던 모양이다.

나는 서울 청계천에 있는 주거래 은행을 찾아가, 담당 계장에게 친구와의 동업을 정리하게 되어 앞으로는 외환거래를 진행할 수 없게 되었다고 알렸다. 사업자 등록은 친구 명의로 했지만 나는 부장 직함으로 은행 업무를 맡아왔기 때문에, 1년 가까이 실무를 함께해온 계장은 이 소식에 섭섭한 마음을 숨기지 않았다.

그때만 해도 외국에서 제품을 수입하려면 신용장을 열어야 했고, 그러려면 현금이나 담보가 필요했다. 전에는 친구 아버지의 부동산과 현금을 담보로 신용장을 열 수 있었지만, 동업이 끝나면 담보가 없는 나는 신용장을 열 수 없고 무역업을 하기 어려웠다. 마음은 착잡했지만 현실적으로 할 수 있는 것은 아무것도 없었다.

한 시간 정도 지났을까, 은행을 나와 집으로 가는 길에 핸드폰으로 전화가 왔다. 아까 인사를 한 계장의 목소리였다.

"부장님! 사업자 대표는 아니시지만 지난 1년간 회사 업무를 실제로 운영하시는 것을 제가 봤잖아요. 그래서 새로 오신 저희 과장님에게 잘 말씀드렸더니, 과장님이 좋은 분인데 신용으로 10만 달러 한도에서 신용장을 열 수 있도록 도와주신다고 합니다. 시간 되실 때 바로 은행으로 방문해주세요."

기적이 일어난 것이다. 내 명의로 된 작은 집 한 칸 없고 현금도 없는 나에게 신용으로만 10만 달러 한도에서 신용장을 열 수 있게 해준다는 전화를 받고, 나는 하나님께서 계장님과 과장님의 마음을 움직이셔서 내게 기적을 베풀어주셨다는 것을 알았다. 가는 길에 기쁨의 눈물이 펑

펑 쏟아졌다.

이렇게 결혼을 6개월 앞두고 처음으로 내 이름으로 개인사업자 등록을 하고 무역업을 시작했다. 수수료를 받는 에이전트 사업으로는 돈이 안 되니 적지만 내 돈으로 제품을 사서 마진을 붙여 팔아야 했다. 신용장은 은행의 배려 덕분에 신용으로 열 수 있었지만, 사업을 하려면 자본이 필요해서 갖고 있던 중고차를 팔아 현금 650만 원을 마련했다.

아버지의 제품 수입 대행으로 자연스럽게 아버지의 거래처를 방문하게 되었다. 비록 거의 망하기 일보 직전이라도 30년 가까이 해오시다 보니 거래처는 수십 군데나 되었다.

거래처 명부에 기록된 업체를 하나하나 방문하고 점검해보니 90퍼센트 이상은 신용이 형편없는, 내 기준으로는 사기꾼에 가까운 곳들이었다. 외상을 주면 갚지 않았고 영세하기가 이를 데 없어 거래할 가치가 없는 업체가 대부분이었다. 이런 업체들을 대부분 정리하고 그중 신용 있는 업체 몇 군데만 골라서 거래를 시작했다.

20대에 창업했을 때는 젊은 데다 얼굴도 동안이다 보니 거래처 사장님들이 나를 믿으려고 하지 않았다. 그랬던 분들이 한 분 한 분 발주를 하기 시작했다. 아버지와 달리 약속을 잘 지키는 데다가, 하나님의 은혜로 중국의 좋은 회사와 거래가 되어 양질의 제품을 공급하니 오더가 조금씩 조금씩 늘어나기 시작했다.

반년이라는 짧은 기간이었지만, 받은 오더들을 고객에게 모두 인도하고 나면 아버지의 도움 없이도 전세보증금을 마련할 수 있을 것 같았다. 당장은 어머니와 살던 아파트에서 신혼생활을 하지만 곧 전셋집을 장만하면 어머니도 다시 원래 아파트로 돌아올 수 있다는 생각에 설렜다. 당시 내 나이의 회사원 중 연봉이 가장 높은 직업이 은행원인데 그 2배 정도를 모을 수 있을 것 같았다.

그런데 이제야 조금 살만하다는 생각이 들 무렵인 1997년 11월 22일, 대한민국은 전례 없는 외환위기를 맞았다. 결혼식을 올린 지 1주일 만에 IMF 외환위기 발표 소식을 듣게 되었다.

1달러에 800원대였던 고정 환율이 변동환율제로 바뀌면서 1달러에 2,000원을 넘어섰다. 사업을 하며 처음으로 많은 오더를 받았는데 이제 오히려 제품이 중국에서 선적되는 건건이 엄청난 손실을 봐야 했다.

제품이 중국에서 선적되고, 은행에 가서 신용장 결제를 할 때마다 고객과 큰 마찰이 생겼다. 고정환율제에 익숙한 고객들은 원화 약세로 갑자기 올라간 제품의 수입 가격을 인정하지 않았고, 올라간 가격만큼 발생하는 손해는 모두 내가 감당하길 요구했다. 결혼 후 1주일 만에 당면한 환난이었다.

젊은 나이에 아무것도 없이 시작한 사업이 이제 조금 자리를 잡아가나 했는데 도저히 감당이 안 되는 시련 앞에 내가 찾을 곳은 하나님밖에 없었다. 매일 새벽예배를 나가 예배당 맨 앞자리에 앉자마자 고개를 숙이고 "아버지"만 부르면 입에서 통곡이 쏟아졌다.

"하나님, 살려주세요! 제발 살려주세요. 저 이제 결혼했는데 앞이 안 보입니다. 제발 도와주세요!"

하나님 앞에 나아가 통곡하며 기도하는 것 말고는 할 수 있는 게 아무것도 없었다. 하나님은 그런 나를 불쌍히 여기셨다. 내가 망하도록 놔

두지 않으셨다.

이후로 몇 개월간, 전에 받은 오더들을 처리하면서 나는 손해를 보더라도 약속을 지켰다. 제품이 입고될 때마다 환율로 인한 가격 인상으로 고객들과 마찰이 있었으나 한 번도 납품 약속을 어기지 않았다. 당시 수입상들은 환율 인상으로 손해를 보지 않으려고 납품을 포기했지만, 나는 젊은 나이에도 고객들과 약속한 제품을 모두 납품했다.

어머니에게 집을 돌려드리게 해주세요

가정의 경제적 어려움은 신혼부부인 우리에게도 처음으로 큰 부부싸움을 불러왔다. 청소년 시기부터 가난을 경험한 나는 가난이 불행하지는 않지만 불편하다는 것을 알았다. 그러다 보니 사업이 어려워지자 위축되고 긴장이 되었다.

부자는 아니어도 부부 교사의 장녀로 자란 아내는 마음에 여유가 있었다. 당시 아내는 어려운 사업 형편을 고려하여, 결혼하면서 혼수 대신 약간의 현금을 가져왔고 이 현금을 조금씩 생활비로 사용하고 있었다.

어느 날 저녁, 아내는 내게 패밀리 레스토랑에 가고 싶다고 했다. 그 당시 한국에는 합리적인 가격대의 서양식 패밀리 레스토랑이 유행이었다. 많이 비싼 가격은 아니었기에 그러자고 하니 아내는 내일 식당에 가면 식사 후에 아이스크림도 주문할 거라고 했다.

나는 무심히, 식당에서 주문하는 아이스크림은 비싸니까 아이스크림은 슈퍼에서 사 먹자고 했는데 그 말이 끝나자마자 아내는 "아이스크림이 얼마나 한다고 아내가 먹고 싶다는데 그것 하나도 못 사주냐"라며 불같이 화를 냈다. 그날 저녁 우리는 결혼 이후 처음으로 대판 싸움을 했다. 화를 참지 못하면 무슨 일이 생길 것 같아서, 추운 겨울이었지만 집을 나와 계속 걸으며 화를 식혔다.

내가 갑자기 집을 나가자 많이 놀랐던 아내는 한참을 걷다가 돌아온 내게 화내서 미안하다며 사과했고 그렇게 첫 부부싸움은 잘 마무리되었다. 지금 돌이켜 보면 헛웃음이 나지만, 경제적 여유가 없어 위축되었던 젊은 우리는 정말 아무것도 아닌 아이스크림 하나 때문에 크게 다툴 수도 있었다.

그 이후로도 원화 약세가 한참 더 계속되면서 수입 가격이 오르자 제품 수입이 중단되었고, 국내에 수입하는 완제품이나 원자재의 재고가 바닥나자 시장은 올라간 수입 가격을 받아들이기 시작했다.

그동안 손해를 보며 납품 약속을 지킨 나에게 기회가 왔다. 거래처 사장님들은 그동안 어려운 중에도 신용을 지킨 내게 새로운 오더를 주었다. 제품 가격이 올라가니 이제는 수입을 해도 손해가 되지 않고 오히려 전보다 마진이 좋아졌다. 부자들에게는 얼마 안 되겠지만, 1998년 한 해 동안 나로서는 생전 처음 큰돈을 벌었다.

어머니는 나의 결혼을 위해 작은 아파트를 양보하고 가까운 동네의 단칸방에서 월세로 사셨다. 결혼 후 나는 죄송한 마음에 어머니가 사시는 곳을 방문하지 못했고 어머니만 가끔 우리가 사는 집에 오셔서 식사하고 가셨는데, 겨울이 되고 날씨가 추워지자 우리 집에 보관했던 어머니의 겨울 이불이 필요했다. 더는 어머니가 사시는 단칸 월세방의 방문을 피할 수 없었다.

이불을 가져다드리기로 한 날은 겨울인데도 비가 정말 많이 왔다. 아내가 결혼하며 가져온 경차에 이불 보따리를 싣고 어머니가 사시는 곳을 방문했다. 주소를 가지고 골목골목 찾아간 단독주택 안의 작은 월세방은 내가 태어나서 본 주거공간으로는 가장 초라하고 허름한 방이었다.

어머니가 나를 위해 이런 곳에 살고 계셨다고 생각하니 차마 얼굴을 똑바로 들고 방에 들어가 앉을 수도 없었다. 어머니의 얼굴도, 사시는 방도 차마 쳐다볼 수 없어서 제대로 인사도 드리지 못한 채 이불 보따리만 방 안으로 전해드리고, 도망치듯 차로 돌아왔다.

운전하며 집으로 돌아오는 동안 장대처럼 쏟아지는 비로 아무리 와이퍼의 속도를 올려도 제대로 앞이 보이지 않았다. 아니, 사실은 쏟아지는 비 때문이 아니라 눈에서 쏟아지는 눈물 때문이었다. 아들의 결혼을 위해 이토록 초라한 곳에서 살기를 선택하신 어머니에 대한 죄송함 때문에 흐르는 눈물을 주체할 수 없었다. 그 순간 정말 간절한 마음으로 하나님께 기도했다.

'하나님. 제발 저에게 1년 반 안에 O억의 돈을 주세요. 제가 집을 마련해 어머니에게 집을 돌려드릴 수 있게 도와주세요. 그렇게만 해주신다면, 앞으로 제가 살아가는 동안 집 욕심은 부리지 않겠습니다.'

그 순간 1년 반이라는 기간과 O억이라는 금액을 정한 것은 당시 나의 1년 수입과 살고 있던 지역 근방의 아파트 가격을 고려한 현실적인 기도였다.

참 좋으신 하나님은 이번에도 간절한 눈물의 기도에, 말씀드린 기간 보다 빠르게 응답해주셨다. 1년 만에 기도한 금액의 돈을 모아서 아내가 원하는 분당으로 이사를 할 수 있었고, 어머니는 원래 사시던 아파트로 돌아오셨다. 그후 어머니도 인천의 집을 팔고 아들 집 근처에 전세를 얻어 가까이에 사시게 되었다.

처음 집 장만을 하면서 제일 기뻤던 것은 장인어른과 장모님에게 우리 부부가 힘든 시기를 넘기고, 작지만 우리 집을 장만하는 모습을 보여드린 것이다. 가난하고 장애를 가진 사위에게 딸을 보내시면서 두 분이 가지셨을 염려를 조금이나마 덜어드린 것 같아서 가장 행복했다.

chapter 3

새로운 가족, 확장된 사랑

샘물교회

결혼 후 아내는 약속대로 예배를 드렸다. 하지만 믿음이 있는 것은 아니다 보니 작은 핑계만 있으면 예배를 드리지 않았다. 속상했지만 이 문제로 다투지는 않았다. 전도하려면 아내와 싸워서는 안 된다고 생각했다. 기도하면서 하나님의 때를 기다렸다.

인천에서 교회를 다닐 때 아내는 예배에는 관심이 없었지만 구역모임에는 잘 나갔다. 같은 아파트 단지에 사는 나이 많은 언니들과 함께 구역모임을 하면서 신앙이 조금씩 자라고 있었다. 신앙생활은 혼자 하는 것이 아니다. 초신자에게는 더욱 공동체가 필요하다는 것을 처음으로 깨닫게 되었다.

2000년에 분당으로 이사하고 출석할 교회를 찾던 중 중국 선교사 친구의 소개로 샘물교회에 가보게 되었다. 그곳에서 첫 예배를 드린 날을 기억한다. 어린 두 자녀를 데리고 자모실에서 모니터를 통해 박은조 목사님의 설교를 듣게 되었다.

감사하게도 어린 시절부터 참 좋은 교회에서 신앙생활을 해왔던 나는 샘물교회에 와서 박 목사님의 첫 설교에서부터 이웃을 섬기는 신앙을 배웠다. 목사님은 이 땅에서 소외당하는 이웃을 섬기는 사역과 내가 속한 곳에서 하나님나라를 이루어가는 성도의 삶을 가르치셨다.

목사님은 내가 속한 가정, 회사를 포함해 세상 가운데서 그리스도인으로 살아가는 것에 관해 매주 설교하셨다. 신약에서 제자들은 예수님을 랍비(유대교에서 율법학자 또는 존경받는 선생을 일컫는 호칭)라고 불렀다. 목사님은 내게 교회의 담임목사이기 전에 랍비셨다.

목사님의 설교를 듣기 전까지 천국은 죽어서나 가는 곳이라고 생각했는데 매주 목사님의 설교를 통해 이 땅에서 그리스도인으로서 어떻게 살아야 할지를 배우게 되었다. 지금도 목사님을 생각하면 가슴이 뭉클해진다. 목사님의 가르침을 통해 나와 내 가정만 바라보던 신앙에서 이 땅에서 소외당하는 이웃들을 바라보게 되었다.

샘물교회에 등록하고 장애인 부서가 있다는 정보에 바로 다음 주부터 봉사하기로 했다. 심하지는 않지만 다리에 장애를 갖고 있다 보니 장애인 부서에 가서 휠체어라도 밀어야겠다는 단순한 생각에 담당 목사님과 통화했는데 연락한 장애인 부서는 지체 장애인이 아니라 발달장애인과 함께하는 '사랑부'였다.

전화를 받으신 목사님은 내가 당황하는 것을 눈치채셨는지 한술 더 떠서 "우리 사랑부에 OOO라는 아동이 있는데, 안경을 쓴 사람을 보면 바로 뺏어서 부러뜨리니 조심하세요"라고 짓궂은 말로 겁을 주시고는 호탕하게 웃으셨다.

그때까지 나는 발달장애인을 만난 경험이 한 번밖에 없었다. 대학생 시절 동안교회 유년부에서 함께 봉사하던 이화여대 특수교육과를 다니던 누나 덕분에 발달장애인 시설을 하루 방문하여 봉사한 적이 있다. 경험이 없다 보니 잔뜩 겁을 먹고 가서 봉사 시간 내내 긴장만 하다가 돌아온 것 같다.

그로부터 약 10년이 지난 후 잘 모르고 신청해서 봉사를 시작한 사랑부는 25년이 지난 지금도 주일에 내가 있는 곳이다. 사랑부 봉사를 통해 밀알복지재단을 알게 되어 후원하면서 장애인 선교를 배웠고, 사랑의교회에 가서 1년간 장애인복지를 배우면서 사회복지도 배웠다.

내가 만나는 자립준비청년 중에는 경계선 지능이나 지적장애 3급의 비율이 일반 가정에서 자라는 아동에 비해 두 배 이상 높다. 하나님은 사랑부 봉사를 통해 경계선 지능이나 지적장애 자립준비청년을 이해하고 돕도록 준비하게 하신 것 같다.

입양을 도전받다

교회 성도 중 정승우 집사님이라는 분의 가정이 입양가족이라는 것을 알게 되었다. 이 가정은 아들을 낳은 후 두 딸을 입양했고 더구나 공개입양을 하셨다. 전체 성도 중 입양가정이 이 댁뿐이어서 당시 내 주위의 성도들은 입양을 한 집사님을 천사처럼 생각했다.

2004년, 교회에 40일 새벽기도가 있었다. 우리 가정도 어린 아들과 딸을 데리고 나갔고, 아이들은 새벽기도 내내 우리 부부의 무릎 위에서 잤지만 온 가족이 함께하는 새벽기도는 은혜로웠다. 그런데 새벽기도가 끝나고 아내에게서 엄청 부담되는 제안을 받게 되었다.

"여보. 내가 새벽기도를 통해 하나님께 도전을 받았어. 입양을 했으면 해. 사실 장애아 입양에 대한 도전을 받았지만 그건 내가 도저히 자신이 없어서 못 할 것 같고, 그냥 입양을 하고 싶어."

아내는 내가 시작한 발달장애인 부서인 사랑부 봉사를 통해 장애를 가진 아동들을 만났다. 그러다 보니 특별히 장애아 입양에 대한 도전을 받았던 것 같다. 처음 아내의 입양에 대한 제안을 들었을 때 쉽게 동의하지 못했다.

결혼한 직후 IMF 외환위기를 맞았지만, 하나님의 은혜로 그 시기를 극복하고 몇 년간 사업은 순조롭게 이어졌다. 정확한 성격으로 신용을 지킨 덕분에 거래처의 신뢰를 얻으며 점차 안정세에 접어들었다. 그러나 양질의 제품을 공급하던 업체들에서 점차 품질 문제가 발생하면서, 사업은 조금씩 흔들리기 시작했다.

사업 시작 이후 처음으로 위기감을 느낀 나는 사업을 키우는 능력이 부족했고, 이것저것 새로운 것을 시도했지만 잘되지 않자 많이 위축되고 있었다. 그러던 차에 아내로부터 입양에 대한 제안을 받으니 무척 방어적인 입장이 되고 말았다.

가장 먼저 두 가지 걱정이 앞섰다. 이미 두 자녀를 낳아 키우고 있었기 때문에 '입양한 아이를 우리 부부가 낳은 아이만큼 사랑하지 못하면 어떡하지' 하는 염려가 컸다. 좋은 마음으로 입양했는데 아이를 데려다 놓고 사랑하는 마음이 생기지 않으면 그 아이에게 얼마나 미안할까 생각하니 선뜻 입양할 자신이 없었다.

그리고 사업이 어려워지면서 많이 위축되어 있었다. 청소년기에 가난으로 불편함을 경험했던 나는 자녀들에게 가난을 물려주고 싶지 않았다. 두 자녀를 키우기도 어려운 시대에 한 자녀를 추가로 양육하는 것에 대한 부담이 매우 컸다.

아내는 내가 입양을 부담스러워한다는 것을 눈치챘지만 포기하지 않고 전략을 바꾸었다. 내가 기분이 좋거나 좋아하는 음식을 먹으며 행복해하는 날을 골라 부드럽게 입양 이야기를 꺼냈다. 하지만 나는 매번 미꾸라지처럼 그 상황을 살살 빠져나갔다.

그렇게 시간이 흐르던 어느 날, 마침내 아내는 작정한 듯 화를 내며 정곡을 찔렀다.

"당신이 나와 결혼하자고 했을 때 솔직히 당신 조건 별로였어. 장애나 화상의 흉터는 괜찮았지만, 사업을 막 시작해서 돈도 없었잖아. 그런데도 왜 당신이랑 결혼했는지 알아? 당신이 나랑 결혼하자고 하면서 나눈 이야기 중 당신이 비록 가난했지만 보여준 비전, 꿈이 좋았기 때문이야. 당신 입으로 나중에 돈 벌면 고아원 할 거라고 했잖아. 아이 한 명도 입양하지 못하는 사람이 어떻게 고아원을 하니? 나랑 결혼하려고 거짓말을 한 거야?"

아내가 참아왔던 속내를 솔직하게 토해내자 더 이상 물러설 곳이 없었다. 나는 두려워하는 두 가지 문제를 가지고 하나님 앞에 나아가겠다고 약속하고 바로 다음 날부터 새벽예배에 나가 이 문제를 두고 하나님께 질문했다.

"하나님. 제 처가 저에게 입양하자고 합니다. 제가 입양을 하는 것이 맞습니까?"

때마침 안산동산교회 김인중 목사님이 새벽예배 부흥사경회로 오셨으나 첫날 설교의 성경 본문이나 말씀을 포함해서 기도 중 아무런 답변을 듣지 못했다.

그다음 날 새벽, 또 예배당 앞자리에 앉아 말씀을 듣고, 다시 어제와 동일한 질문으로 하나님께 나아갔다. 그런데 내 입에서 하나님을 향한 질문이 끝나자마자, 평생 처음 하나님께서 바로 귀에 대고 추상같은 목소리로 말씀하셨다.

"상규야. 내가 네 처의 입을 통해 너에게 말했는데, 너는 왜 내 이야기를 듣지 않니?"

하나님은 감히 거부할 수 없는 압도적인 임재 중에 당신의 음성으로 분명하게 말씀하셨다. 그 순간 하나님의 분명하신 응답 앞에 바로 고꾸라지고 말았다. 눈물을 쏟으며 나는 응답했다.

"네, 하나님. 제가 입양하겠습니다."

새벽 부흥사경회를 마치고 며칠 후 마음을 정리하고 아내에게 입양을 준비하자고 말을 꺼냈다. 분당에서 가까운 강남에 있는 대한사회복지회를 소개받아 입양 상담을 받았다. 입양기관과의 상담 후 우리는 아기가 올 때까지 기관에서 요청하는 것들을 준비하고, 가정방문을 하고, 교육도 받았다.

아내의 조사를 통해 한국입양홍보회(MPAK)2)를 알게 되었고, 우리 집과 가까운 엠펙의 지역모임을 소개받아서 입양 전부터 입양가족 선배님들과의 교제를 통해 입양을 배우기 시작했다.

축복 속의 첫 입양

두려움과 기대가 공존하는 가운데 입양을 차근차근 준비하고 있는데, 걱정했던 사업의 위기가 현실이 되고 있었다. 나는 집 가까운 곳에 사무실을 두고 혼자 일하면서, 집에서 아내와 일 얘기도 많이 나누는 편이었다. 사업이 조금씩 어려워지면서 힘들어하는 나를 옆에서 바라보던 아내는 오히려 조심스럽게 이야기를 꺼냈다.

"여보, 요새 당신 사업이 많이 힘들어지는 것 같은데, 우리 진행하고 있는 입양을 연기할까?"

아내의 조심스러운 제안에 바로 대답하지 않고 이 문제를 두고 고민을 거듭하던 중에 하나님께서 마음속에 한 깨달음을 주셨다.

'아내가 임신하여 출산을 앞두고 있는데, 내 사업이 어렵다고 배 속에 있는 아기를 태어나지 못하도록 막을 수 있는가?'

생각이 여기에 미치자 입양을 연기할 수 없었다. 바로 입양기관에 전

---

2) 한국입양홍보회는 국내 입양을 장려·홍보하기 위한 교육프로그램을 주관하고 입양가족을 다방면으로 지원하기 위해 지난 2003년 정식 출범한 사단법인이다. 영어 표기인 'Mission to Promote Adoption in Korea'의 약칭을 따서 '엠펙'(MPACK)이라 부르기도 한다. 이 책에서는 '한국입양홍보회'와 '엠펙'을 함께 사용한다.

화하여 입양할 아기를 만나게 해달라고 요청했다. 기관은 기다렸다는 듯이 입양대상아동이 있다며 바로 연락을 주었다. 우리 부부는 곧 아기를 만나러 갔고, 중경이를 품에 안을 수 있었다.

입양을 하기 전 양가 부모님에게 입양에 관해 이야기했다. 어머니는 자녀를 한 명 더 키우려면 힘들겠다고 걱정은 하셨지만 반대는 하지 않으셨다. 처가의 부모님은 딸의 수고를 예상하고 처음엔 염려하셨지만 우리 부부의 결정을 반대하지 않으셨다. 중경이는 양가 부모님과 오빠와 언니의 환영을 받으며 우리 가족의 일원이 되었다.

우리는 한국입양홍보회 회원이 되어 공개입양을 결정했고, 가족은 물론 교회와 주위의 모든 지인에게 입양 사실을 공개했다. 샘물교회는 2005년에 입양부를 만들고 그 해부터 온 성도가 입양주일을 지켜오고 있다. 입양주일에는 예배 시간에 입양가족의 얼굴이 담긴 동영상을 보여주고, 입양부모들이 간증하며, 담임목사님은 입양을 주제로 설교해 주셨다. 이후로 매년 입양주일을 지키면 두세 가정이 새롭게 입양하여, 성도 수가 가장 많았던 시절에는 입양가정이 30가정이 넘는 입양의 부흥이 일어났다.

샘물교회는 유아세례가 유명한데, 당시만 해도 유아세례를 줄 때 아기를 축하하는 성도들이 모두 강대상 위로 올라가서 세례식에 동참했다. 목사님의 세례가 끝나면 축하 찬양에 맞추어 목사님이 아기를 안고 예배당을 한 바퀴 도시면 부모는 물론 축하하는 성도들이 모두 아기를 안고 걸어가시는 목사님의 뒤를 따라 걸어가는 세레모니가 있었다. 모든 일행이 강대상 앞에 도착하면 함께한 성도님들의 꽃다발과 축하 선물이 부모에게 전달되었다.

당시 중경이의 유아세례 때 내가 봉사하는 사랑부, 아내가 봉사하는 에바다부를 포함하여 수많은 성도가 강대상 앞으로 나왔고, 찬양에 맞추어 그 많은 인원이 예배당 안을 한 바퀴 돌며 축하해주었다. 교회에서 그때의 동영상을 CD로 만들어주셨는데 중경이는 어려서부터 자신의 유아세례 동영상을 반복해서 보며 매우 자랑스러워했다.

지금은 예전처럼 유아세례 시작부터 축하하는 성도들이 모두 강대상 위로 올라가지는 않지만, 여전히 목사님은 유아세례를 받은 아기를 안고 찬양에 맞추어 예배당을 한 바퀴 도는 세레모니를 하신다. 2005년 11월, 생후 한 달도 안 된 신생아 중경이는 이렇게 하나님과 교회의 축복 속에 우리 가정의 셋째가 되었다.

무릇 하나님의 영으로 인도함을 받는 사람은 곧 하나님의 아들이라 너희는 다시 무서워하는 종의 영을 받지 아니하고 양자의 영을 받았으므로 우리가 아빠 아버지라고 부르짖느니라 롬 8:14,15

우리는 예수 그리스도께서 십자가에서 죽으심을 통하여 구원을 받고 하나님의 자녀로 입양되었다는 것을 알고 있다. 하나님의 자녀로 입양된 내가 중경이를 입양함으로써 중경이는 나의 딸이 됨과 동시에 하나님의 딸로 입양되었다. 자녀의 입양을 통하여 하나님께서 나를 입양해주신 은혜가 얼마나 큰 은혜인지 깨달았고 그 사랑을 생각하면 언제나 가슴이 벅차오른다.

한국입양홍보회 활동

우리 부부가 첫 번째 입양을 한 2005년 무렵은 한국입양홍보회의 활동이 꽃을 피우던 시기였다. 한국입양홍보회는 미국으로 해외입양을 가서 양부모님의 사랑과 지원을 통해 훌륭하게 성장한 스티브 모리슨 장로님이 1999년 한국에 설립한 단체다.

국내에서 입양에 대한 인식이 긍정적으로 바뀌어 가고, 비밀입양이 대다수였던 이 땅에 공개입양이 뿌리를 내리기 시작한 시점이었다. 국내 입양아동의 숫자가 급증하여 한해 1,500명이 넘는 아동이 입양을 통해 부모를 만나는 기적이 일어나고 있었다.

입양 초기에는 한국입양홍보회의 서울 지역모임 한 곳에 나갔으나, 샘물교회의 입양가족이 늘어나면서 교회 입양가족이 함께 엠펙 모임을 할 수 있게 되었고, 경기도 분당과 용인을 비롯한 가까운 지역 교회의 입양가족들과 함께 엠펙 교회연합지부를 만들었다. 전국의 각 지역을 중심으로 모이는 엠펙 모임 중 유일하게 교회들이 연합하여 입양가족모임을 구성하게 되었다.

엠펙 교회연합지부 활동을 통해 주위의 교인들에게 적극적으로 공개입양을 홍보하고 입양을 권유했다. 특별히 매년 국가에서 정한 입양주간에 교회가 입양주일을 지키는 일에 앞장서 준비하며, 전 교인을 대상으로 한 입양홍보 활동을 통해 매년 새로운 입양가정이 세워지는 기쁨을 맛보았다.

입양가족들은 1년에 한 번 교회연합지부 정기모임을 하며, 입양가족이 적은 교회는 입양가족이 많은 교회의 모임에 동참했다. 각 교회는 입양주일, 입양콘퍼런스 등의 행사를 하며 공개입양을 적극 홍보했고, 교회 안에 공개입양가족 공동체가 있다는 사실로 인하여 이미 입양한 가족들은 두 번째, 세 번째 입양을 하게 되었다. 입양을 주저하던 성도들도 입양가족 공동체가 있었기에 두려움을 극복하고 입양에 도전했다.

보육원 봉사, 아프간 순교의 열매

2007년에 샘물교회 단기봉사팀이 아프가니스탄에서 피랍되어 목사님 한 분과 남자 청년 1명이 순교했다. 교회는 아프가니스탄이 여행금지 지역인데 가지 말라고 한 곳에 가서 무리하게 선교하다가 아까운 생명을 잃었다는 공격을 받았다.

나는 선한울타리 사역을 위한 간증을 하러 교회들을 방문하면 꼭 이 상황에 관해 설명한다. 아프가니스탄은 남자가 선교사로 가서 복음을 전하기에는 너무 위험한 지역이다. 샘물교회는 해외선교사를 많이 파송하는 교회였지만, 아프간의 경우 여자 청년들이 간호사나 유치원 교사로 가서 봉사하는 지역이었다. 여름방학 때면 여자 청년들을 오지로 보낸 목사님과 청년들이 현지에서 봉사하는 청년들을 격려하고 응원하기 위하여 방문하는 의미가 컸다.

당시 샘물교회 단기봉사팀이 아프간의 카불에서 칸다하르로 내려간 경로는 한동대 봉사팀이 1주일 전에 지나간 코스라고 한다. 여름방학이면 대한민국의 교회나 기독교 봉사팀이 봉사를 가는 지역이었다.

당시 탈레반 포로가 미군에게 잡혀있었고, 탈레반은 포로 교환을 목적으로, 샘물교회 단기봉사팀이 탄 버스의 기사를 매수해 이들을 납치했다. 전 세계의 교회와 그리스도인들이 생환을 위해 기도했으나 하나님은 배형규 목사님과 심성민 형제의 순교의 피를 받으셨다.

샘물교회 입양가족들은 순교 이후 '우리가 모두 적색 순교의 삶을 살수는 없겠지만, 이 땅 가운데 어떻게 백색 순교의 삶을 살 수 있을지'를 깊이 묵상하며 기도했다. 또한 단기봉사팀의 생환을 위해 애써주신 대한민국 사회를 위해 뭔가를 해야 한다는 책임감도 느꼈다. 그 결과 보육원 아동을 위한 봉사를 준비하게 되었다.

경북 김천의 임마누엘 영육아원을 소개받아서 당시 120명의 보육원 아동을 위하여 디딤씨앗통장을 후원했다. 디딤씨앗통장은 당시 아동양육시설의 아동에게 후원자가 최대 3만 원을 후원하면 국가가 3만 원을 매칭펀드하여 매월 6만 원이 아이의 통장에 적립되고, 이 돈은 보호종료 후 자립을 위해 사용할 수 있었다.[3]

겨울방학이면 보육원 아동 중 신청을 받아서 샘물교회 성도의 가정에서 4박 5일의 가정체험을 시작했다. 입양부모들이 입양한 자녀들은 낳은 부모와 분리된 보호대상아동이다. 보호대상아동은 입양대상아동으로 전환되어 부모를 만날 기회를 얻는다. 그러나 모든 보호대상아동이 입양이 될 수는 없다. 많은 숫자의 보호대상아동은 보육원, 공동생활가정, 가정위탁에서 보호받고 양육된다.

---

3) 현재는 디딤씨앗통장의 개인 후원금의 최대 금액은 5만 원이며, 1:2 매칭으로 바뀌어 국가가 10만 원의 매칭펀드를 하여 최대 15만 원이 매월 적립된다.

보육원 아동 가정체험은 코로나19 기간을 제외하고 지금까지 계속 이어지고 있는 귀한 사역이다. 가정체험을 하다가 보육원 아동을 입양한 가정도 있고, 어린 나이에 성도의 가정과 오랜 시간 인연을 맺은 아이들이 선한울타리 자립준비청년 멘토와 멘티가 되어 아름다운 교제를 이어가고 있다.

나는 이러한 사역의 모습이 교회가 할 수 있는 가장 이상적인 사역 모델이라고 생각한다. 샘물교회의 보육원 사역과 자립준비청년 사역은 순교의 열매라고 감히 말씀드리고 싶다.

하나님의 아들

2005년부터 한국입양홍보회 활동을 시작하고 교회연합지부의 대표를 맡아 공개입양 활성화를 위해 적극 참여했다. 그러던 중 한국 사람들은 '건강한 여아 입양'을 선호한다는 것을 알게 되었다. 우리 가정도 첫 번째 입양은 딸이었다. 공개입양의 역사가 20년을 넘어가는 시점에도 여전히 입양 거절 사례를 조사해보면 건강 상태를 불문하고 '남아'라는 이유로 입양이 거절되고 있는 것이 대한민국의 현실이다.

과거에는 입양으로 대를 잇고자 남아를 비밀입양하는 경우가 많았는데, 청소년기에 비밀이 탄로 나며 아이들이 비뚤어지는 경우가 빈번했다. 남아는 여아보다 키우기가 힘들다는 말이 사람들의 생각을 지배하다 보니, 남아는 해외입양도 거절이 되면 아동양육시설로 가야 했다. 보육원 사역을 시작하고 시설을 방문하면서 남녀 비율 중 남아의 숫자가 월등히 많다는 것을 알게 되었다.

남아로 태어났다는 이유로 입양에서 차별을 당하는 상황에 마음이 아팠다. 그러면서 2010년부터 아들을 입양하고 싶은 마음이 생기기 시작했다. 6년 전 아내로부터 첫 번째 입양을 제안받았을 때 그렇게 두렵고 피하고 싶었는데, 엠펙과 보육원 활동을 하면서 이제는 아들 입양에 대하여 아내에게 제안하고 싶은 마음이 생긴 것이다.

2010년에 아들을 입양하는 것에 관해 처음으로 아내에게 조심스럽게 이야기를 꺼냈을 때, 이미 두 아이를 낳아 키운 데다 셋째를 입양하여 5년 정도 키운 아내는 펄쩍 뛰었다.

"당신 마음은 알겠는데, 나 이제 셋째 조금 키워놓고 한시름 덜었다고 생각했는데 다시 신생아 양육을 하라고? 싫어."

예상은 했지만, 돌아온 아내의 답변은 역시 거절이었다. 그때부터 혼자 기도를 시작했다. 두 번째 입양을 하고 싶은 마음속에 혹시라도 '자기의'가 있는 것은 아닌지, 그 마음이 하나님이 주신 마음이 맞는지 확인하고 싶었다. 만약에 하나님의 뜻이 아니고 나의 욕심이라면 그 결과는 어떨지 경험해보지 않아도 알 수 있었다.

샘물교회는 가정교회를 하고 있다. 우리 부부는 2009년부터 목자로 섬기고 있는데 목자들의 목장인 초원모임에 가서 초원지기 장로님에게 기도 제목을 나누었다. 장로님은 기도원에 가서 기도하실 때 특별히 우리 가정의 아들 입양이 하나님의 뜻이 맞는지 함께 기도해주시고, 다녀오신 후 모임 중에 이렇게 말씀해주셨다.

"최 집사가 기도하는 아들 입양은 하나님의 뜻이 맞는 것 같아."

그 말씀을 들은 후 다시 새벽기도로 나아갔다. 새벽기도 두 번째 날 다시 이 문제를 하나님께 여쭈었을 때, 하나님은 첫 번째 입양 때와 동일하게 내 귀에 대고 바로 육성으로 하시는 것처럼 분명하게 말씀하셨다.

"상규야. 네가 내 아들 하나 키워주면 안 되겠니?"

하나님은 내가 입양하려는 아들을 내 아들이 아니고 그분의 아들이라고 말씀하셨다. 그날 새벽, 내가 키우고 있는, 그리고 앞으로 키울 자녀가 내 소유가 아니라 하나님의 소유임을 깨닫게 하셨다.

입양해서 키울 아들이 하나님의 소유라고 하시니 자녀 양육에 대한 부담에서 한결 자유로워졌다. 하나님께서 아들 입양에 대해서 그분의 뜻을 확인해주시니 앞으로 내가 할 일은 하나밖에 없었다. 아내가 허락해줄 때까지 기도하며 기다리는 것이었다.

1년 후, 셋째를 어느 정도 키운 아내는 이렇게 응답했다.

"여보. 나 이제 아들 입양해도 될 것 같아. 근데 아들 입양하면 당신이 많이 도와줄 거야?"

중경이를 입양했을 때는 아내가 입양을 제안하고 내가 힘들게 허락한 것도 있었지만, 중경이가 오자마자 2개월간 사업차 중국 상해로 장기 출장을 다녀오면서 아내 혼자 독박육아를 했었다. 아기가 오면 내가 매일 밤 재우고, 기저귀도 갈고, 목욕도 시키고, 할 수 있는 것은 최선을 다해서 하겠다고 약속했다.

2012년에 새로운 입양특례법이 시행되면 입양이 어려워질 거라는 정보를 들은 우리 부부는 서둘러서 입양기관에 아들 입양에 대한 의사를 전달했다. 이미 6년 전 같은 입양기관에서 딸을 입양해서 잘 키우고 있었기에 입양기관은 우리 부부를 신뢰했고 신속하게 입양 수속이 진행되었다. 이렇게 해서 2011년 12월, 사랑하는 중혁이가 우리 가정의 넷째가 되었다.

솔직히 이때는 사업이 최고로 힘들 때였다. 중경이를 입양할 때 사업의 위기가 조금씩 예감되던 때였다면, 중혁이를 입양할 때는 그 위기가 현실이 되어 급기야 내 사업을 하면서 다른 회사의 영업이사로 들어가서 투잡(two job)을 뛰고 있었다.

겸업으로 영업이사를 하는 회사도 잘되는 회사는 아니었다. 사업이 준비단계여서 아직 성과를 내기 전이라 직함은 영업이사였지만 명함만 이사였고, 매월 아주 적은 급여를 받고 있었다. 당시 함께 회사에서 일하던 동료들은 두 번째 입양을 한다는 소식에 모두들 나를 미친 사람 취급했다.

"좋은 일인 건 알겠는데, 네 형편엔 너무 넘치는 일인 것 같아. 다시 한번 잘 생각해봐."

"내 기준에 넌 바보야. 요즘 같은 세상에 아이 하나 키우는 데 돈이 얼마나 많이 드는데! 이미 세 명이나 자녀가 있고, 입양도 이미 한 명 했는데, 뭘 또 입양을 하니?"

하나같이 부정적인 피드백밖에 없었다. 그러나 이미 하나님의 응답을 받은 나는 본성을 넘어 너무나도 편안한 마음으로 입양을 진행했다.

기도로 준비하고 입양한 중혁이는 너무나도 사랑스러웠다. 앞서 세

아이를 키울 때와는 달리 아내와의 약속을 지키며 육아에 적극적으로 참여했다. 중혁이는 아들이라서 똥기저귀를 가는 것도 어렵지 않았다. 매일 아기를 씻기고 재우는 것도 힘들지 않았다. 매일 밤 아기를 재우면서 아는 복음성가를 잠들 때까지 불러주었다.

시간과 정성을 쏟으며 키우다 보니 중혁이는 나를 매우 사랑해주었다. 나이 차이가 44년이 나는 늙은 아빠가 늦둥이 아들을 키우는 재미에 흠뻑 젖어 아들과 사랑에 빠졌다.

시야를 넓혀준 두 번째 입양

중경이를 입양해서 키울 때만 해도 행복한 입양가족의 아빠로서 만족하며 가족 중심, 자녀 중심의 삶을 살았다. 그런데 중혁이가 우리 집에 오고 나서부터 하나님은 시야를 넓혀주셨다. 이젠 우리 가족과 내 자녀를 넘어, 전에는 보이지 않던 '입양되지 않은 보호대상아동'들이 눈에 들어왔다. 확실히 입양 자녀가 한 명일 때와 두 명일 때는 갖게 되는 생각도, 보는 시야도 달라지는 것 같다.

대한민국은 2000년대 초부터 2010년 전까지 입양을 촉진하는 분위기였다. 입양하는 부모에 대한 사회적 시선은 호의적이었고, 입양을 활성화할 수 있도록 국가가 지원하는 분위기였다.

그런데 2011년에 입양을 억제하는 입양특례법이 통과되고 이듬해부터 시행되면서 미혼모와 입양부모를 대결 구도로 만들고, 해외입양은 고아 수출이라고 왜곡했다. 베이비박스에는 한 해 200명이 넘는 아기들이 유기되었으며, 함부로 유기된 아기들이 목숨을 잃었다는 슬픈 뉴스가 언론과 방송에 나오는가 하면, 해외입양에 대한 부정적인 뉴스들이 입양을 점점 위축시키고 있었다.

예전에는 보육원에서 입소한 아동 중 입양이 가능한 아동들은 원장님들의 적극적인 노력으로 입양을 통해 부모를 만나기도 했으나, 보육원이 입양 업무의 기능을 상실하고, 보육원 아동의 입양을 지정입양이라고 중지하기 시작하면서 한번 시설에 입소한 아동들은 보호종료 전까지 계속 시설에서 살아야 하는 운명에 처하게 되었다.

입양은 낳은 부모와 분리된 아동이 아동 이익 최우선의 원칙에 의거하여 키워줄 부모를 만날 기회를 부여하는 것이다. 한 사람의 전 생애가 걸린 실존의 영역으로, 절대로 이념의 영역이 될 수 없다.

나는 미혼모 운동, 동성애와 낙태를 찬성하는 분들이 입양을 정치적 어젠다(agenda 공공정책으로 전환되기 위하여 정책 결정자들의 관심을 불러일으키고 논의될 수 있는 상태에 있는 문제나 쟁점들)로 삼아 자신들과 적대적 구조로 설정하지 말기를 부탁한다.

내가 아는 아동양육시설 원장님들 중에 시설에서 양육하는 아동들의 입양에 적극적인 분들이 꽤 여럿 계신다. 그분들은 하나같이 자신들이 운영하는 시설에서 자라는 아동들을 진심으로 사랑하고, 아이들이 부모의 사랑 가운데 자라는 것이 얼마나 중요한지 전적으로 동의하신다. 그분들의 적극적인 사랑과 노력 덕분에 많은 아이가 부모의 품 안에서 자랄 기회를 얻게 되었다. 입양가족의 한 사람으로서 다시 한번 진심으로 감사의 마음을 전한다.

작은 기사 하나로 시작된 소명

2014년 1월, 아침에 배달된 조간신문의 사회면 기사 하나가 눈에 들어왔다. 신문 하단의 조그마한 박스 기사였는데 그 기사가 보인 건 하나님의 인도하심이라고 생각한다. 보육원에서 생활하는 아이들이 고등학교를 졸업하는 만 18세가 되면 의무적으로 시설에서 나와야 한다는, '보육원 퇴소생'에 관한 기사였다.

자립준비가 충분하지 않은 아이들은 정규직 일자리를 찾기 어려워서 비정규직 서비스 업종에서 주로 일하며, 주거지원도 충분하지 않아서 월세 등 안정성이 떨어지는 숙소에서 함께 살기도 한다는 자극적이고 안타까운 내용이었다. 이른 아침 우연히 본 짧은 기사였지만 기사를 읽는 내내 충격과 함께 속이 많이 상했다.

나는 교회의 보육원 사역을 책임지고 있었으며, 보육원 아동 한 명에게 디딤씨앗통장 후원을 하고 있었다. 방학이면 그 아이가 우리 집에 와서 가정체험을 하고 갔다. 그렇지만 우리 집에 오는 후원 아동은 아직 어린아이라서 아이가 고등학교를 졸업하면 시설에서 보호종료가 된다는 것을 알지 못했다.

보육원 사역을 7년이나 했고 그동안 여러 차례 시설을 방문했음에도 아이들이 보호종료 후 어떤 삶을 살아야 하는지 전혀 알지 못했던 나의 무지에 큰 충격을 받았다. 마치 누가 내 뒤에서 망치로 머리를 세게 내리친 것처럼 정신이 멍해졌고 '인간은 참 자신이 보고 싶은 것만 보고 사는구나'라는 깨달음에 마음이 참 불편했다.

'만약 내 자녀들이 고등학교를 졸업할 때 나는 부모로서 할 일을 다했다고 선언하고 이젠 집을 나가서 네 힘으로 살라고 한다면, 이 아이들이 스스로의 힘으로 자립할 수 있을까?'

여기까지 생각이 미치자 국가가 '자립준비청년'[4]들에게 시행하고 있는 보호종료 제도가 얼마나 말이 안 되고 잔인한지 마음이 너무 아팠다. 기사를 읽고 잠시 이런저런 혼자만의 생각에 깊이 잠겨 있다가 속으로 하나님 앞에 이렇게 기도했다.

'하나님. 저는 능력도 없고, 부자도 아니지만, 제가 이 아이들을 위해서 뭐라도 할 수 있으면 좋겠습니다.'

우리는 하나님께 수많은 기도 제목을 내어놓는다. 그런데 나 자신의 유익이 아니라 타인을 위한 기도, 특별히 타인을 위해 나의 재물과 시간, 몸의 수고를 드리고자 하는 기도를 했을 때 하나님은 그 기도에 흔쾌히 응답하신다. 나는 이미 유사한 기도에 응답을 받은 경험이 있었다.

2000년대 초반 샘물교회에서 장애인 주간에 뭘 할까 고민하다가, '한사랑 마을'의 원장으로 계시는 한 성도님의 소개를 받아 봉사자를 모아서 경기도 광주시 초월읍의 '한사랑 마을'로 목욕 봉사를 다녀온 적이 있다.

중증 뇌병변장애로 종일 자리에 누워 생활하는 장애 청소년들을 위해 목욕 봉사를 하고 돌아오는 길에 버스 창밖을 바라보며 마음속으로 '하나님, 앞으로 여기로 계속 목욕 봉사를 오면 좋을 것 같아요'라고 기

---

4) 2014년 당시에 '보육원 퇴소생'이라고 호칭했으며, 이후 '보호종료아동'이라고 부르다가 최근에는 '자립준비청년'이라고 부르고 있다.

도했다. 그런데 봉사를 다녀온 후, 인솔자인 내게 몇 분이 "집사님, 우리 앞으로도 계속 목욕 봉사 가면 안 돼요?"라고 전화를 주셔서 우리는 그 뒤로 '한사랑 장애영아원'으로 매월 1회 목욕 봉사를 가게 되었다.

다른 이를 위한 기도를 하고 나면, 많은 경우는 잊어버리고 기억도 잘 못 한다. 순간의 감정으로 기도했지만 현실적으로 실천에 옮기기가 어려울 때는 적당히 타협하고 회피한다.

거기서 한 발 더 나간다면, 관련 기관에 적으나마 후원금을 보내는 헌신을 시작한다. 이 또한 귀한 헌신이다. 기관을 운영하는 나 같은 입장에서는 매우 감사하다. 그렇지만 하나님은 우리가 때로는 한 차원 더 높은 헌신을 하길 기대하신다. 우리가 자발적으로 순종했을 때 그 순종의 제사를 기쁘게 받으시고 그 제사를 들어 쓰신다.

하나님은 2014년 1월의 그날, 거실에서 마음속으로 드린 짧은 기도를 그냥 흘려듣지 않고 기억하셨다. 그리고 신실하게 응답하셨다.

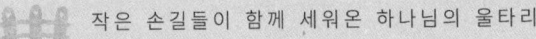 작은 손길들이 함께 세워온 하나님의 울타리

PART **2**

마음들이 모여
세운
큰 울타리

chapter **4**

미련한 기도가 기적의 씨앗으로

주님보다 앞서지 않고

자립준비청년에 관한 신문 기사를 읽고 난 후, 이 아이들의 삶에 대한 관심이 마음에서 떠나지 않았다. 교회에 가서 입양가족 성도를 만나면 교회 카페나 이야기를 나눌만한 장소에서 내가 본 기사 내용과 함께 안타까운 마음을 나누었다. 나도 모르는 사이에 사역을 준비하는 셰어링 (sharing 공유, 나눔)을 시작하고 있었다.

보육원에 살던 아이들이 만 18세에 보호종료가 되면 시설에서 나와 거의 무방비의 상태로 살아가게 된다는 충격적인 현실을 처음으로 알게 되어 성도님들과 나누었다.

이 이야기를 통해 그런 현실을 처음으로 알게 된 분도 있었지만, 이미 그 사실을 알고 있었으나 개인적으로 할 수 있는 역할이 없어서 안타까워하던 분도 꽤 계셨는데, 이야기를 다 들으신 후 그분들은 모두 동일한 피드백을 주셨다.

"참으로 안타깝네요. 그런데 제가 뭘 할 수 있겠어요. 최 집사님이 뭐라도 시작하시면 저도 도울게요."

안타까운 마음에 공감해주신 성도님들에게 너무 감사했다. 그렇지만 그분들이 주신 동일한 응답 앞에 점점 더 뭐라도 해야 할 것 같은 책임감이 더해져갔다.

나는 성격이 급하고, 생각이 서면 바로 실천에 옮기는 타입이다. 이런 성격 덕분에 공부할 때도 정해진 기한 내에 석사논문을 쓸 수 있었다. 직장에서도 일 욕심이 많아서 상사에게 주의를 받으면서까지 여러 일을 도맡아서 하다 보니 퇴사할 때는 바로 위 사수뿐 아니라 여러 관련 부서 사람들에게 그동안 두세 사람 몫을 충분히 했다는 칭찬을 들었다. 그런 이야기를 들으면 마음이 뿌듯했다.

이런 성격은 사업을 하면서 더욱 강화되었다. 창의적인 면이나 돈 냄새를 본능적으로 맡는 능력은 부족했지만, 주어진 일을 미루지 않고 효율적으로 집중하여 일하는 것은 잘할 수 있었다.

모든 것에는 동전의 양면과 같이 장단점이 공존한다. 이런 성격이 일할 때는 긍정적이지만 신앙에서는 하나님보다 앞서가는 실수를 하곤 했다. 사업을 구상하다 어떤 생각이 떠오르거나 누가 사업과 관련된 제안을 해오면 이 건을 두고 먼저 하나님 앞에 기도하지 않았다.

'하나님. 제게 떠오른 이번 사업에 대한 구상이 하나님의 계획 안에 있을까요? 하나님, 이번에 같이 일하자고 찾아온 이 사람이 하나님께서 보내주신 사람이 맞나요?'

젊은 나이에 사업을 시작해서 여러 기회가 있었는데 한 번도 이처럼 하나님 앞에 먼저 묻는 성숙한 기도를 해본 적이 없었다.

아버지가 하시다가 망해가던 사업을 물려받았으나 하나님의 은혜로 먹고사는 데는 문제가 없었다. 그렇지만 불안이 많았던 나는 사업이 조금만 힘들어지면 이 문제를 두고 하나님 앞에 먼저 기도하기보다는 뭔가 새로운 사업 아이템이 없을까 하며 여기저기 기웃거렸고, 매번 하나님보다 먼저 움직이다가 문제가 닥쳐서 힘들어지면 '하나님, 저 힘들어서 죽겠어요. 살려주세요'라며 매달렸다.

세상적으로는 영리한 것 같으나 영적으로는 미련했던 나는 사업을 시작한 이후 십여 년간 매번 같은 실수를 반복하다가 이제는 일을 새로 시작하기 전 하나님 앞에 미련해지기로 했다.

자립준비청년을 위한 사역을 준비하며 하나님께서 길을 보여주며 인도해주지 않으시면 반 발짝도 앞으로 나아가지 않겠다고 작정했다. 내가 될 것 같다고 생각하고, 먼저 계획해서 움직인 것 중에서 좋은 결과로 귀결된 것은 지금껏 한 건도 없었음을 경험을 통해 뼈저리게 깨닫게 하신 덕분이었다.

2004년에 교회에서 1년 52주 동안 제자훈련을 받으며 신앙생활에 좋은 습관을 얻었는데 그중 가장 유익한 것은 매일 아침 일정한 분량의 성경을 묵상하고 기도하는 습관이다. 지금도 매일 아침 〈NLT〉 영어성경과 〈쉬운성경〉을 함께 읽고 묵상하며, 그날 주신 말씀을 붙잡고 기도한다.

사역을 준비하며 가장 먼저 시작한 것은 하나님이 이 사역을 위해 내게 주신 '내적 소명'이 분명한지 확인하는 것이었다. 창세기부터 요한계시록까지 매일 순서대로 한 챕터씩 묵상하는데, 그날 아침에는 성경의 순서대로 출애굽기 말씀을 묵상하고 있었다.

세월이 흘러서 이집트 왕이 죽었습니다. 이스라엘 백성은 강요에 의해 너무나 힘겹게 일했기 때문에 신음했습니다. 그들이 도와 달라고 부르짖었더니, 하나님께서 그들의 소리를 들으셨습니다. 하나님께서는 그들의 소리를 들으시고, 아브라함과 이삭과 야곱에게 하신 약속을 기억하셨습니다. 출 2:23,24 쉬운성경

하나님은 고통으로 탄식하며 신음하는 백성들의 울부짖는 소리를 듣는다고 말씀하셨다. 그리고 이 땅 가운데 오랜 시간 부모와 살지 못한 어린 자녀들이 죽음 같은 고통 중에 하나님께 울부짖는 소리를 들었다고 하시며, 이 영혼들을 향한 하나님의 애통한 마음을 느끼게 하셨다.

처음 이 말씀을 의자에 앉아 묵상하고 기도하던 나는, 고아들을 향한 하나님의 애통해하시는 마음이 전해지자 나 또한 아이들을 향해 애통한 마음으로 가슴이 쪼개지듯 아프고 괴로워서 더 이상 의자에 앉아 기도하지 못하고 바닥으로 내려와 고통 중에 엎드려 울기만 했다.

하나님께서 나를 위해 이 사역을 시작하신 것이 아니라 그분이 긍휼히 여기시는 아이들을 위해 그분의 사역에 동참할 사람을 찾고 계셨다는 확신이 들었다. 하나님은 그날 아침 그분이 불쌍히 여기시는 아이들을 향한 마음을 알게 하셨다.

첫 기도회, 첫 후원금

하나님께서 사역에 대한 내적 소명을 확인해주신 이후에도 아침마다 말씀 앞에 사역을 두고 기도하기에 힘썼다. 여전히 먼저 구체적으로 움직이지 않고, 더욱 철저하게 말씀과 기도로 사역을 준비하기로 작정했다.

이렇게 하나님 앞에서 조용히 사역을 준비하고 있을 때, 입양부모인 최원선 장로님이 전화를 주셨다. '홀리핸즈'라는 선교후원모임에서 선교사를 후원하시는 장로님은 사역을 준비하는 나를 모임에 여러 번 초청해서 함께 기도하고 격려도 해주셨다. 그러던 중 샘물교회가 해오고 있는 홈리스 사역 '사랑마루' 공간에서 자립준비청년 사역을 위한 기도회를 갖자고 제안해주셨다.

처음에는 그 제안에 얼떨떨했지만 밀어붙이는 힘이 대단하신 장로님 덕분에 기도회 당일 누가 오시는지도 모르는 채 참석했다. 장로님 부부, 장로님의 지인분들과 내가 잘 모르는 샘물교회 성도님들이 오셔서 사역을 위해 함께 기도해주셨다.

이날 기도회가 사랑마루 사역을 위한 기도회인 줄 알고 오신 분도 계셨다. 약간은 어색하고 어수선했지만, 아무것도 모르는 나를 위해 장로님 부부는 기도회 자리를 마련하고 후원금을 모아주려고 노력하셨다.

그날 기도회가 끝난 후 다른 교회에 다니시는 익명의 권사님 한 분이 우리 교회의 권사님 한 분을 통해 50만 원의 후원금을 전달해주셨다. 자립준비청년 사역을 준비하며 처음으로 받은 후원금이었다. 얼굴도 한 번 뵙지 못한 분이 사역의 구체적 내용도 모르는 상태에서 내어주신 귀한 후원금을 전달받고 제대로 된 감사 인사도 드리지 못했다.

나중에 시간이 흐르고 후원금을 보내주신 그 권사님이 암으로 투병하다가 소천하셨다는 소식을 전해 들었다. 아직 감사의 인사도 직접 드리지 못했는데, 훗날 천국에 가서야 인사를 전할 수 있을 것 같다.

'권사님, 감사합니다. 권사님이 주신 후원금이 큰 격려가 되었습니다.'

선한울타리

처음 자립준비청년을 위한 사역을 준비할 때 집중해서 생각한 것은 아이들의 정규직 취업이었다. 작지만 사업을 하고 있던 나는 그들을 위한 사회적 기업을 하고 싶었다. 그래서 '선한 일자리 만들기'라는 회사명을 지었다. 누가복음 10장에는 강도 만난 사람을 도운 '선한 사마리아인'이 나온다.

이번에는 어떤 사마리아 사람이 그 길을 여행하다가 그가 있는 곳에 이르렀다. 사마리아 사람이 그를 보고 불쌍하게 여겼다. 눅 10:33 쉬운성경

자립준비청년을 생각할 때 강도 만난 이웃이 생각나서 선한 사마리아인의 '선한'을 사업을 위한 회사명에 넣고 싶었다.

예전처럼 성급하게 사역을 준비했다면 먼저 서둘러 사회적 기업을 위한 아이템을 정하고, '선한 일자리 만들기'라는 이름으로 사업자 등록을 하고, 무작정 사업을 시작했을 것이다. 하지만 이제는 달라져 있었다. 말씀과 기도에만 매달렸다. 당시 사랑부 담당 교역자인 문혁 목사님을

통해 사회적 기업의 전문가를 소개받아 상담을 받기도 했다.

교회에서 장애인 사역을 하면서 장애인을 위한 사회적 기업들의 현실을 알고 있었고, 대부분의 사회적 기업이 비누나 디퓨저 같은 아이템을 가지고 초반에만 반짝하다가 소멸해가는 것을 안타깝게 생각하고 있었다. 사회적 기업이 지속 가능하려면 장기적으로 판매가 가능한 아이템이 있어야 했다.

내가 사업을 하지 않고 사회복지사나 회사원이었다면 용감하게 사회적 기업의 창업을 시도했을 것이다. 그러나 기존에 해오던 무역업을 유지하면서 동시에 새로운 아이템으로 창업과 폐업을 여러 번 경험했기에 섣불리 창업하기보다는 하나님의 인도하심을 확인하길 원했다.

사회적 기업을 두고 계속 기도했으나 하나님은 길을 열어주지 않으셨다. 내 생각과 하나님의 계획은 달랐다. 내 생각을 내려놓고 사역의 방향을 하나님의 뜻에 맡기기로 했다. 그러던 중, 입양가족인 유현미 집사님이 사역의 이름은 정했냐고 물어오셨다.

"아, 아직…."

제대로 답변하지 못하고 우물쭈물하자 바로 제안이 왔다.

"'울타리' 어때요? '울타리' 좋잖아요. 시설에서 나와 혼자 살아가는 청년들을 위해 '울타리'가 되어주자는 의미로."

이야기를 끝내고, 전부터 생각해둔 '선한'과 오늘 들은 '울타리'를 합쳐서 '선한울타리'로 짓기로 했다. 부르면 부를수록 참 좋은 이름이다. 하나님의 일은 사역의 이름을 짓는 것조차 모든 것이 합력하여 선을 이룬다.

오병이어의 도시락

여전히 아침마다 말씀과 기도로 하나님의 뜻을 확인하는 과정을 계속하고 있었다. 주위의 분들은 조금 답답해하시는 듯했으나 꼭 필요한 과정이었다.

그날의 성경 본문은 요한복음 6장이었다. 성도라면 주일학교 때부터 설교와 공과 공부로 수없이 듣고 배운 '오병이어의 기적'에 대한 이야기다. 오병이어의 기적은 사복음서 모두에 나온다.

성경을 매일 읽다 보면 그동안 여러 번 보았던 같은 본문인데 그날따라 전에는 보이지 않던 내용이 보이고, 읽었어도 깨닫지 못했던 본문이 깨달아질 때가 있다. 이날 요한복음의 오병이어 부분을 읽는데 이 본문이 눈에 들어왔다.

"여기 사내아이 하나가 가지고 온 작은 보리 빵 다섯 개와 작은 물고기 두 마리가 있습니다. 하지만 이것만 가지고 이렇게 많은 사람을 어떻게 먹이겠습니까?" 요 6:9 쉬운성경

그날 아침 하나님은 특별히 오병이어의 출처가 어디에서 나왔는지 보게 하셨다. 오병이어는 예수님이 가져오신 것도 아니고, 하늘에서 갑자기 뚝 떨어진 것도 아니었다. 그것은 한 어린아이의 도시락이었다.

그 아이는 자기가 가져온 오병이어의 도시락을 혼자 먹어버릴 수 있었다. 그렇지만 그 아이가 작은 도시락이지만 자기 혼자 먹지 않고 예수님에게 드렸을 때, 예수님은 오병이어를 받으시고 수많은 사람을 먹이

는 기적을 베푸셨다.

나는 그날 아침 이 본문을 붙잡고 기도했다.

'하나님. 제가 하나님께 드릴 오병이어는 무엇입니까?'

기도하는 순간, 하나님은 며칠 전 '선한울타리'라는 단체 이름을 만드는 데 공헌한 유현미 집사님의 말을 생각나게 하셨다.

"맨날 입으로만 이야기하지 말고, 사역을 소개하는 카탈로그나 리플렛 같은 걸 만들어서 나눠주며 이야기하면 훨씬 효과적일 것 같아요."

기도를 마치자마자 도움을 줄 수 있는 분들이 누굴까 고민했고, 친구 서광수의 옛날 직장 동료인 박라미 팀장님과 샘물교회 최장일 집사님의 도움으로 리플렛을 만들 수 있었다. 그 후로 사역을 홍보하고 후원을 요청하며 주위 분들에게 사역을 이해시키는 일이 훨씬 더 수월해지고 효과적으로 이루어졌다.

숙소를 준비해준 손길들

2014년 가을을 넘기며 하나님은 더욱 구체적으로 사역의 '외적 소명'을 확인시켜 주셨다. 말씀 묵상과 기도만 하고 있었는데 하나님은 드디어 사람들을 통해 사역을 착착 진행시키셨다.

홍기철 집사님은 개인 연구실로 사용하려고 분당 수내동에 임대한 원룸을 당분간 분당으로 올라오는 자립준비청년을 위한 숙소로 사용할 수 있도록 호의를 베푸셨다. 그리고 기도만 하고 있는 내가 답답하다며 직접 임마누엘 영육아원에 전화를 하여 다음 해에 보호종료되는 청년이 있는지 확인하셨다.

수년간 디딤씨앗통장 후원과 가정체험행사로 샘물교회를 신뢰하는 임마누엘 영육아원은 선한울타리와 자립준비청년 사역을 시작하기에 최적의 파트너였다.

드디어 2015년 1월, 두 명의 남자 자립준비청년이 샘물교회 선한울타리로 오게 되었다. 오기로 한 날짜가 2주 정도 남았을 때 교회에서 우연히 최문식 담임목사님을 만났다(샘물교회는 담임목사 임기제를 하고 있다. 박은조 목사님은 두 번의 임기를 채운 후 용인 동백에 은혜샘물교회를 새로 개척하여 나가시고, 선한울타리 사역을 시작한 해에 샘물교회의 담임은 최문식 목사님이셨다).

평원지기 목사님을 통해 목자인 나의 기도 제목을 들어 알고 계셨던 목사님은 웃으며 "최상규 집사님, 요즘 뭔가 일을 벌이고 있다면서요? 너무 크게 할 생각 말고 조그맣게 한번 시작해보세요. 내가 뭐라도 도울 일 있으면 도울게요"라고 하셨다.

담임목사님의 관심에 기쁜 나머지, 아이들이 올라와서 거주할 방은 있는데 방에서 지내는 동안 필요한 것이 아무것도 갖춰지지 않았다고 말씀드렸다. 목사님은 다음 주 예배 광고 시간에 필요한 물품을 기증받을 수 있도록 안내해주겠다고 하셨다.

그런데 다음 주일, 어찌 된 일인지 예배 시간에 필요한 물품의 기증을 요청하는 광고가 나오지 않았다. 그날따라 광고할 내용이 너무 많아서 광고를 넣을 시간이 부족했다는 이야기를 나중에 평원지기 목사님을 통해 전해 듣게 되었다.

다음 주면 두 청년이 '울타리'5)로 들어오기로 확정된 상태라서 필요한 가전, 가구, 생활용품의 구매를 더는 미룰 수 없었다. 나는 하는 수 없이 자비로 필요한 물품을 구매할 계획을 세웠다.

그런데 다음 날 저녁, 모르는 번호로 전화가 왔다. 얼마 전 '사랑마루'에서 열린 기도회에 오신 정형채 집사님이었다. 그전까지 일면식도 없었던 분으로, 기도회 날도 사랑마루 기도회인 줄 알고 오셨다는데 뜻밖에도 전화를 주셔서는 물으셨다.

"집사님, 아이들이 올라오면 방에 필요한 물품이 있을 텐데, 준비는 다 하셨어요?"

"아니요. 기증을 받으려고 했는데 계획대로 되지 않았습니다."

"그래요? 그럼 금액이 얼마나 들어갈지 모르겠지만, 제가 전부 부담할 테니 필요한 것 모두 사세요."

순간적으로 소름이 돋았다. 통화를 마쳤는데 운전대를 잡고 있던 손이 떨리면서 눈물이 막 쏟아졌다. 정 집사님의 전화를 통해 하나님께서 선한울타리 사역을 하는 것이 맞다고 '외적 소명'을 확인해주셨다는 생각이 들어 너무 감사하고 감격했다.

참 좋으신 하나님은 우리의 필요를 절묘한 때에 드라마틱하게 채워주심으로 격려하셨다. 정형채 집사님은 이후 샘물교회의 장로가 되셨고, 지금까지 사역의 동역자로 함께해주신다.

---

5) 선한울타리는 자립준비청년을 위해 지원하는 숙소를 '울타리'라고 부른다.

울타리의 삶이 시작되다

2015년 1월, 임마누엘 영육아원에서 보호종료된 남자 청년 두 명이 선한울타리의 1기 멘티로 우리가 준비한 '울타리'(숙소)에 입소했다. 한 청년은 대학을, 한 청년은 고등학교를 졸업했다.

자립담당 선생님, 방에서 아이를 키우신 엄마들은 스타렉스에 아이들의 짐을 싣고 분당으로 함께 올라오셨다. 보육원의 어린 아동들만 만나다가 처음으로 큰아이들을 만나는 우리는 기대와 두려움, 그리고 긴장이 섞인 야릇한 마음 상태였다.

아직 교회의 정식부서도 아니라서 담당 교역자도 없었지만, 선한울타리 사역을 준비하며 평신도로 구성된 운영위원, 후원자, 교회 평원지기 목사님을 모시고 새로 입소한 두 청년, 시설 직원분들과 입소 감사예배를 드렸다. 선한울타리가 이처럼 처음부터 예배로 공식적인 첫 사역을 시작할 수 있음에 감사했다.

사역 첫해, 처음 만난 두 아이를 위해 최소 1년간 울타리를 제공하기로 했다. 울타리에 거주하는 동안 임대료, 관리비, 전기료, 도시가스비 등을 모두 무상으로 제공했다.

사역을 준비하며 보육원을 방문하는 과정에서 식사 시간이 겹치면 시설에서 아이들과 함께 밥을 먹는 경우가 있었다. 아이들은 학교뿐만 아니라 시설에서도 급식 같은 밥을 먹고 있었다.

가정에서 부모님과 잠시라도 살아보지 못하고 태어나면서부터 시설에서 자랐다면 그 아이는 지금껏 부모님과 함께 장을 보고 자기가 먹고 싶은 식재료를 사서 음식을 만들어 먹은 경험이 없겠구나, 생각하니 너무 짠하고 마음이 아팠다.

가정에서 사는 아이들이 어려서부터 일상 속에서 아무렇지도 않게 경험하는 것들이 시설아동에게는 일생에 한 번도 경험해보지 못한 특별한 일이라고 생각하면 지금도 가슴이 너무 아프다.

게다가 자립준비청년들은 보호종료 후 혼자 생활하다 보면 편의점이나 식당에서 사 먹거나 배달 음식으로 끼니를 때우는데 그러면 돈도 많이 들고 건강도 나빠진다.

그래서 울타리에 들어온 아이들을 위해 울타리팀을 구성하여 권사님, 집사님들이 조를 짜서 돌아가며 아이들과 장을 보았다. 아이들이 먹고 싶어 하는 식재료를 사서 간단하게라도 직접 음식을 만들어 먹도록 유도했다.

논문과 자료를 가지고 열심히 공부했지만, 아직은 자립준비청년에 대해서 아는 것도 경험한 것도 적다 보니, 아이들의 취업을 어떻게 해야 할지 고민이 많았다.

처음엔 교회 성도나 지인을 통해 아이들이 관심 있다고 말하는 분야의 회사를 소개받아 취업을 시켜보았다. 정규직 직장이다 보니 뿌듯했다. 그런데 아이들이 시설에서 혼자 상상하며 가졌던 직업에 대한 관심과 선호는 실제 그 일을 경험해보면서 바뀌었고, 결국 금방 포기하곤 했다.

나중에 그만둔 이유를 물어보면 모두 어른들 탓으로 돌렸다. 분명히 본인들이 원해서 취업을 시켰는데, 그만둔 후에 하는 말은 한결같았다.

"나는 가고 싶지 않았는데 최상규 집사님이 가라고 해서 갔어요."

소개한 나도, 아이들을 선의로 취업시켜주신 사장님도 서로 미안해지기만 해서 이런 헛수고를 그만두어야겠다고 생각했다. 시간이 걸려도 자기가 찾은 아르바이트 자리, 자기가 찾은 직장에 들어갔을 때 아이들은 책임감 있게 더 열심히 일하고 오래 다녔다.

다음으로, 아이들이 외국어를 공부하거나 자격증을 따겠다고 하면 학원비를 지원하기 위해 일정 금액의 교육비를 책정해놓았다.

그리고 김천에서 분당으로 올라와서 아는 사람도 없는 아이들이 외로울 것 같아서 누군가 이 아이들을 위한 키다리 아저씨가 되어주면 좋겠다고 생각했다. 샘물교회 성도 중 부부가 한 아이의 멘토(Mentor)가 되어주면 좋겠다 싶어서 교회에 광고하여 신청을 받았다. 다행히 두 가정이 신청해주셔서 담임목사님을 모시고 멘토 결연식을 가졌다.

선한울타리는 자립준비청년을 멘티(Mentee)라고 부른다. 멘토와 멘티가 결연하면 첫 1년은 매주 한 번씩 만난다. 주로 주일에 만나서 식사하고, 차를 마시고, 예배를 드린다. 아이가 예배에 익숙해지면 청년부 예배를 권한다. 2년 차부터는 한 달에 한 번 만난다. 선한울타리 멘토링의 가장 큰 특징은 멘토링에 기한이 없다는 것이다. 한번 맺은 인연을 평생 가져간다.

우리는 처음 만난 자립준비청년 멘티 두 명과 교회가 가진 인적, 물적 자원을 가지고 지도 없는 여정을 시작했다. 그동안 아무도 가지 않았던 길을 개척하며 용감하게 사역을 시작했다.

나를 비롯해 선한울타리의 사람들은 사회복지를 전공한 것도 아니고, 솔직히 자립준비청년에 대해 아는 것이 아무것도 없었다. 그래서 지난 1년간 사역을 준비하며 아동권리보장원의 자료실에 들어가서 관련

논문, 자료들을 내려받아 함께 스터디를 했다.

학교에서 책으로 공부한 사람들은 아니지만 현장에서 아이들을 보살피기 위해 뭉친 사람들이었다. 교회에서 자생적으로 출발한 순수한 자원봉사자 단체였다.

우리가 읽은 논문을 통해 대한민국의 보육원은 보호와 양육은 잘하지만, 자립 훈련은 아직 많이 부족하다고 배웠다. 실제로 아이들과 이야기를 나누어보면, 아이들은 시설에서 자립 훈련을 받는다고는 하지만 시설에서 나오기 직전까지 혼자 사는 삶에 대해 제대로 체감하지 못하는 것 같다.

시설에서 나와서 LH(한국토지주택공사)에서 지원하는 전세 임대 원룸을 얻고, 학교나 직장이 끝난 저녁 시간 불 꺼진 어두운 방에 들어갈 때 비로소 자신이 혼자가 되었다는 것을 체감하며 외로움을 느낀다고 한다. 자립은 지식으로 배우는 데는 한계가 있고, 결국 삶의 경험을 통해 체득되는 것 같다.

허니문 기간

2015년에 처음 사역을 시작한 이후 2년간은 하나님께서 아무것도 모르는 우리를 감동시키고 격려해주시는 시간이었다. 샘물교회에서 2015년에는 2명, 2016년에는 4명의 자립준비청년이 결연되었고, 봉사를 신청하신 성도님들이 멘토와 울타리팀으로 섬겨주셨다.

사회복지 분야에 인맥이 있는 분들은 내가 만나야 할 분들을 적극적으로 소개해주셨다. 전국의 보육원 연합단체인 한국아동복지협회를 방문하여 국회의원들의 자립준비청년에 대한 관심에 대해서도 들어보고, 기업이나 기업에서 만든 재단들은 어떻게 자립준비청년들을 지원하고 있는지도 듣게 되었다.

현장의 목소리가 궁금하여, 소개받은 보육원을 방문하여 아이들에 대한 생생한 이야기도 들었다. 어차피 현장에서 아이들을 만나고 이 아이들에게 필요한 지원을 하겠다고 시작한 사역이다 보니 이런 만남들을 통해 알게 된 정보들이 쌓여가면서 지원할 내용을 하나하나 준비해갈 수 있었다.

사회복지를 전공하지는 않았지만, 논문을 통해 지식을 쌓고, 현장에서 듣고 배운 것들을 아이들에게 적용해보았다. 그 과정에서 시행착오도 있었지만, 선한울타리는 조금씩 사역단체로서의 모습을 갖춰가기 시작했다.

워낙 자립준비청년을 지원하는 단체가 없다 보니, 교회사역이면서 개인 비영리단체의 수준임에도 여기저기에서 불러주셨다. 국회의 포럼이나 콘퍼런스에 발제자로 나가게 되었고, 그런 기회를 통해 복지부 공무원들과 짧으나마 대화할 기회도 얻었다.

사업을 하는 사람이다 보니 현장에서 체득한 것을 빠른 속도로 흡수할 수 있었다. 밖으로는 이런 기회와 경험을 통해 지식을 쌓아가고, 안으로는 동역자들과 아이들을 돌보며 사역의 재미도 느꼈다.

감정노동

당시에는 자립준비청년의 대학 진학률이 매우 낮고, 입학해도 학업을 유지하여 졸업까지 마무리하는 비율 또한 매우 낮았다. 우리에게도 대학을 졸업한 청년이 한 명 결연되었지만, 나머지는 모두 고졸 자립준비청년이었다. 아이들은 취업이나 아르바이트를 하면서 힘들지만 잘해나가는 것처럼 보였다.

그런데 아이들과 함께하는 시간이 늘어나면서 나를 비롯한 동역자들의 약점이 드러나기 시작했다. 선한울타리 안에 심리상담을 공부한 분이 계시긴 했지만, 대부분은 자기 자녀를 양육한 경험으로 청소년 연령대의 자립준비청년들을 대하고 있었다.

아이들이 자란 양육 환경을 책이나 논문으로만 공부한 우리는 아이들이 분당으로 와서 우리와 조금 친숙해지기 시작할 무렵부터 어려움을 겪기 시작했다.

아이들은 대부분 우울증의 요소를 많이 갖고 있었다. 잘 지내고 있다고 생각했는데 툭하면 잠수를 타기 시작했다. 한번 연락이 끊어지면 전화도, 카톡도 받지 않았다. 카톡을 확인하고도 '1'이라는 숫자가 없어지지 않게 하는 방법이 있다는 것을 이 사역을 시작하고 처음으로 알게 되었다.

자립준비청년에 대한 이해도 부족한데 청소년, 청년들과의 의사소통에도 미숙했기 때문에 처음에 가졌던 열정의 크기만큼이나 실망도 커져 갔다.

아이들이 멘토님과 결연하며 들려오는 소소한 소식에 기뻐하고 취업이나 아르바이트를 하는 결과물에 환호했던 만큼, 아이들이 멘토님과 연락이 잘 안 되고 일하는 곳에 연락도 없이 결근했다는 소식을 들었을 때, 우리에게 사전에 한마디 상의도 없이 퇴사하고 사후통보를 했을 때 는 큰 좌절감을 느꼈다.

자립준비청년 사역의 전문가가 아님에도, 하나님께서 주신 마음으로 기한 없는 멘토링을 용감하게 시작했다. 사역이 1-2년 지나면서 선한울 타리 안에서 자연스럽게 역할을 분담하면서 멘토님들과 함께하는 멘토 팀을 구성하고 집사님 한 분을 팀장으로 세웠다.

멘토님들의 애로사항을 접수하던 팀장님은 3개월에 한 번 있는 운영 위원회에서 멘토링의 기한에 대해서 이렇게 제안하셨다.

"기한 없는 멘토링은 너무 힘들고 무리인 것 같습니다. 멘토링의 기한 은 1년으로 하는 것이 좋을 것 같습니다."

그러잖아도 아이들 때문에 힘든 가운데, 함께 봉사하시는 집사님의 이런 제안은 나를 더 맥빠지고 힘들게 했다.

나에게는 약점이 있었다. 내성적인 성격 탓에 많은 사람과 어울려 함 께하는 게 자신 없었기 때문에 대기업에 취업하기보다는 대학원을 선택 하는 것이 마음 편했다. 잠시 작은 회사에 몸담았지만, 퇴사 후 혼자 기 업을 운영했다. 교회에서 사랑부 교사를 오랫동안 했고 입양과 관련해 교회와 한국입양홍보회에서 열심히 섬겼지만, 큰 조직에서 리더로 일한 경험은 없었다.

함께 봉사하던 집사님 한 분이 내게 "집사님, 대기업 안 다녀보셨죠?" 라고 물으신 적이 있다. 일하는 방식이 얼마나 미숙했으면 이런 질문을 받았을까 생각되어 지금도 얼굴이 화끈거린다.

기한 없는 멘토링을 하기로 하고 시작했으나 아이들로 인해 많은 어려움을 겪는 멘토님들을 보면서 멘토팀장님은 안타까운 마음에 제안해 주신 건데 그런 분에게 나는 정말 미숙한 대답을 했다.

"우리는 부모를 주양육자라고 부릅니다. 아이들은 어려서 주양육자와 분리되었습니다. 보육원에 살면 방에서 아이들을 키우는 사회복지사가 주양육자입니다. 그런데 사회복지사가 퇴사하면 아이들은 또 주양육자와 분리됩니다. 아이들은 보호종료 전에 정말 여러 차례 주양육자와 분리의 경험을 갖습니다. 이렇게 주양육자와의 분리 경험을 여러 번 겪은 아이들은 어른에 대한 신뢰가 없습니다. 우리가 이 사역을 시작한 목적은 하나님 안에서 이렇게 상처받은 아이들을 회복시켜서 아름다운 가정을 갖도록 하기 위함입니다."

사역을 처음 시작하면서 책과 논문을 통해 먼저 배운 얕은 지식과 나에게 주신 성령님의 감동을 이야기하면서 열을 냈는데, 어렵게 말을 꺼내신 멘토팀장님에게 이런 식으로 말씀드려서는 안 되는 것이었다. 내용은 하나도 틀린 것이 없었지만, 말하는 태도와 목소리는 성숙하지 않았다. 나이가 오십이 되어도 사회 경험과 인성의 부족함이 적나라하게 드러났다.

나는 지쳐가고 있었다. 하루는 우연히 케이블 TV 방송에서 오랜 기간 비가 오지 않아서 가뭄으로 땅바닥이 바둑판 모양으로 쩍쩍 갈라진 사막을 보고 있는데, 지금 내 마음의 상태가 저 사막의 갈라진 땅과 같다는 생각이 들 정도였다.

그때 난생처음 '감정노동'이라는 단어를 알게 되었다. 사역을 시작하고 2년 만에 감정노동으로 인해 모든 기쁨을 상실한 채 깊은 영적 침체의 늪으로 빠져가고 있었다.

선을 행하되 낙심하지 말지니

지금 생각하면 감사하게도, 영적 침체의 늪에서 아무것도 하고 싶지 않은 순간에도 아침에 하나님과 함께하는 QT 시간은 이어가고 있었다. 매일 사역을 위해 혼자 말씀을 묵상하고 기도하는 일은 게을리하지 않았다. 물론 말씀을 읽고 기도를 해도 강퍅해진 영성으로 하나님 앞에 투덜대고 있었지만.

그런 와중에 하루는 말씀 묵상 후 기도할 때 하나님께서 내가 놓치고 있던 중요한 점을 깨닫게 하셨다. 혼자 하는 경건생활은 열심히 하고 있지만 동역자들과 함께 공기도회를 하고 있지 않다는 사실이었다. 그때까지도 선한울타리는 교회부서가 아니었고 담당 교역자도 없다 보니 나 혼자 운영위원회를 포함한 각종 업무 관련 회의를 주관하고 있었다.

그날로 내가 속한 평원을 담당하시는 김대중 목사님에게 전화를 드려 나의 영적 상태와 사역의 어려움을 말씀드리고 기도회 인도를 부탁드렸다. 오랫동안 가정교회 평원지기와 선임목사로서 옆에서 지켜보며 기도해주신 목사님은 나의 부탁을 들어주셨다.

기도회를 요청하고 날짜를 기다리면서 혼자 '기도회를 하면 사역의 책임자인 나에게 기도를 시키실 거야. 그렇지만 절대로 기도하지 않을 거야'라는 어리석은 생각을 하고 있었다. 당시 내 마음이 얼마나 강퍅했는지 가늠이 되실 것이다.

목사님과 약속한 토요일 아침, 기도회에 나갔다. 감사하게도 여러 명이 함께해주셨다. 목사님은 준비하신 말씀을 선포하고 잠시 이야기를 나누시다가 갑자기 내게 기도를 하라고 말씀하셨다.

"최상규 집사님, 기도하세요."

사역을 대표하는 사람에게 기도를 시킬 때는 보통 맨 마지막에 시키는데, 기도회를 시작한 지 얼마 되지도 않았는데 기도를 시키시니 '벌써 끝내시려나?' 싶었다. 여하튼 기도를 시켜도 거절할 작정이었기에 솔직하게 말씀드렸다.

"목사님. 죄송한데 제가 지금 기도할 상태가 못 됩니다. 목사님이 대신 기도해주시면 안 될까요?"

내가 최대한 의기소침한 목소리로 사정했는데도 목사님은 오히려 조금 더 강경하게 말씀하셨다.

"집사님, 기도하세요."

나는 더 이상 거부할 수가 없어 기도하려고 고개를 숙였다.

"아버지,"

입을 열어 '아버지' 한 마디를 부르는 순간, 입에서 통곡이 쏟아져 나왔다. 그냥 눈물만 쏟은 것이 아니라 정말 입에서 엉엉 소리를 내며 통곡을 쏟아냈다. 그렇게 한참을 눈물 콧물을 쏟으며 소리 내어 울고 있는데, 기도회에 동석하신 동역자분들이 울고 있는 나를 위해 소리를 내고 계셨다.

"아멘. 아멘. 아멘…"

권사님, 집사님들은 내가 울고 있는 내내 "아멘"을 하시며 격려와 위로의 마음을 전해주고 계셨다. 나의 기도 순서 이후로 기도회가 어떻게 끝났는지 기억이 나지 않는다. 한참을 울고 난 후 고개를 들고 눈을 떠야 하는데 민망함을 어떻게 수습해야 할지 몰라 당황스러웠던 기억과 눈물 콧물이 뒤범벅된 얼굴을 추스르며 간신히 기도회 장소를 떠났던 기억만 있다.

다음 날 아침, 여느 때처럼 말씀 묵상을 하려고 성경 본문을 펴서 읽어 내려가는데 그날 본문이 갈라디아서 6장 9절이었다.

우리가 선을 행하되 낙심하지 말지니 포기하지 아니하면 때가 이르매 거두리라 갈 6:9

하나님은 그날 이 말씀을 통하여, 사역을 얼마 하지도 않고 열매를 구하다가 내 뜻대로 되지 않자 속상하고 실망한 내 모습을 보게 하셨다. 하나님은 이렇게 말씀하시는 것 같았다.

'상규야. 네가 열매를 구하려고 너무 애쓰지 않아도 돼.
넌 그냥 포기하지 않고 그 자리에 있기만 하면 돼.'

내가 어리석고 미련하니까 성경을 통해 구체적으로 말씀해주시는 참좋으신 하나님. 그날 아침 내 입에서는 절로 감사의 고백이 쏟아져 나왔다. 하나님은 정말 인격적이시다. 딱 내 수준에 맞게 일하시고, 내가 알아듣게 말씀해주신다.

말씀으로 감동받은 나는 기도를 시작했다. 기도 중에 하나님은 다시 한번 깨닫게 해주셨다. 어제 기도회 때 내가 한 기도라고는 '아버지' 한 마디밖에 없었는데, 하나님은 그 외마디 소리를 들으시고 그동안 사역을 시작한 이후로 마음에 쌓여 있던 모든 감정노동의 쓰레기들을 깨끗하게 치워주셨음을 깨달았다.

이제 내 마음에 사역과 아이들로 인한 어려운 감정은 없어지고 모두 해소되어 있음을 알게 하셨을 때 그저 주님 앞에서 눈물로 감사하는 것 말고는 할 것이 없었다.

chapter 5

함께할 때 비로소 가능해지는 일들

첫 번째 동역교회

처음 두 명의 자립준비청년과 결연하면서, 더 많은 교회가 1년에 2명씩만 결연을 할 수 있다면 좋겠다는 생각이 들었다. 2015년 당시만 해도 1년에 약 2,500명의 보육원, 그룹홈, 가정위탁 아이들이 보호종료가 되어 사회로 나오는데, 한국 교회가 그중 10퍼센트만이라도 책임질 수 있다면 얼마나 좋을까 하는 기도가 나왔다.

사역을 시작하면서 하나님께서 마음에 주신 소망이었다. 글을 쓰는 지금도 이 생각을 하면 눈물이 난다. 이제 막 한 교회에서 2명과 결연을 시작했고, 이 사역을 크게 확장시킬 어떤 계획이나 재정도 준비되지 않았지만, 그저 주님이 주신 마음을 붙잡고 기도했다.

1년쯤 지났을 때 입양가족인 유호석 집사님을 통해 지구촌교회의 한 목장을 소개받았다. 목원이 10명 정도 되는데 자립준비청년에게 관심이 있다고 하셔서 모임 때 방문해 샘물교회 선한울타리의 사역을 설명해드렸다.

유승원, 이지영 목자님과 목원들이 목장 차원에서 본인들이 도울 수 있는 일이 있으면 돕겠다고 하셨다. 그 순간 나는 지구촌교회에 선한울타리가 시작되었으면 하여 "여러분이 속하신 C양지2 목장에서 사역을 시작하시면 샘물교회가 돕겠습니다"라고 적극적으로 제안했다.

샘물교회가 처음 사역을 시작했을 때는 숙소(울타리)를 임대할 재정이 부족했지만, 그동안 후원금이 모이면서 이미 결연된 멘티들을 위한 원룸을 자체적으로 임대하고도 약간의 여유가 있었다.

감사하게도 지구촌교회 C양지2 목장의 목원들은 용기를 내어 목장 안에서 멘토, 울타리팀 등 역할을 정해서 사역을 시작해보기로 했다. 샘물교회의 재정도 넉넉하지는 않지만, 원룸을 임대하여 지구촌교회로 결연되는 여자 멘티를 위한 숙소를 지원하기로 했다. 이렇게 첫 번째 선한울타리 동역교회가 생겼다.

이분들과 계속 만나, 결연한 자립준비청년이 보호종료한 안동의 경안신육원을 함께 방문하고, 정말 한 교회처럼 친밀하고 끈끈한 교제를 나누었다. 교회는 달랐지만 같은 방향을 바라보니 오랫동안 알고 사귄 것처럼 가까워졌다. 나도 사역의 초보지만 아는 지식을 최대한 전달하고, 할 수 있는 대로 지원하려고 최선을 다했다.

지구촌교회 안에서 개인 후원자들이 세워지면서, 교회의 정식사역은 아니지만 그후로도 매년 자립준비청년을 결연했다. 힘들지만 이렇게 한 목장의 헌신을 통해 지구촌교회의 선한울타리 사역이 유지되고 있었다.

우리는 늘 지구촌교회 선한울타리가 교회의 정식사역이 되길 기도했다. 대형교회다 보니 쉽지는 않았으나 지구촌교회의 입양가족인 홍경민 장로님과 송은아 권사님이 선한울타리 사역에 합류하시고, 코로나19 이후에 드디어 선한울타리가 지구촌교회의 정식사역이 되었다.

지금은 교회에서 재정과 숙소를 지원해주시고, 함께하는 봉사자들도 늘어나면서 대형교회답게 많은 자립준비청년을 지원하고 있다. 어렵지만 포기하지 않고 선한 일을 지속했을 때 하나님께서 하나님의 때에 이루시는 것을 경험한다.

공간치유의 윤주희 대표님이 함께하면서 많은 자립준비청년이 지구촌교회 선한울타리와 결연되고 있다. 사역을 감당할 준비가 되었을 때 하나님께서 우리가 보살필 아이들을 보내주시는 것을 보면서 하나님의 섭리에 감탄할 뿐이다. 사역의 오랜 친구인 C양지2 목장의 목자님, 목원들과 함께 사역의 길을 걷게 하신 하나님께 감사드린다.

멘토링의 시작

선한울타리 사역 후 하나님께서 주신 영감 중 제일 감사한 것은 '멘토링'에 대한 것이다. 교회에서 오랫동안 '샘터장'과 '목자'로 섬기다 보니 교회란 곳이 참 대단하다는 생각이 들었다.

세상처럼 일하면 월급을 주는 것도 아닌데 샘터장이나 목자로 임명되면 시간과 돈을 써가며 기한도 없는 봉사를 계속한다. 담임목사님은 안식년이라도 있고, 목사님들은 월요일에 쉬기라도 하시지만, 샘터장이나 목자는 직장이나 가정에서의 역할을 감당하면서도 일주일 내내 교회를 위해 섬긴다. 왜일까? 이유는 간단하다.

'하나님 때문에'

'예수님 때문에'

그것 말고는 답이랄 게 없다.

선한울타리 사역을 구상하면서 제일 마음이 아팠던 것은, 앞에서도 잠깐 언급했지만, 주양육자인 부모와 사정상 분리되어 시설에서 자라는 아이들이, 엄마, 아빠의 역할을 담당하는 사회복지사들의 입퇴사와 맞물려 본인의 의사와 관계없이 주양육자와의 분리를 반복적으로 경험하는 것이었다. 자립준비청년을 위하여 교회가 할 수 있는 가장 좋은 사역이 뭘까 고민하다가 생각한 것이 '멘토링'이었다.

입양부모인 나는 혈연관계는 아니지만 하나님의 은혜로 두 자녀의 아빠가 되었다. 자립준비청년들과 결연되는 멘토도 혈연관계는 아니지만, 정해진 봉사기한이 없는 목자가 가능하다면, 정해진 기한이 없는 멘토도 가능하겠다는 생각에 이르게 되었다.

교회에서 아버지학교, 파더와이즈를 수강하면서 같은 조의 아빠들과 나눔의 시간 중에 참 많이 들은 이야기가 있다.

"아버지가 일찍 돌아가셔서 아버지 모델이 없습니다."

"부모님이 이혼하시고 어머니와 살았는데, 아버지 모델이 없습니다."

"아들을 낳았는데 어떻게 키워야 할지 모르겠습니다."

나눔을 하던 아빠들은 이 이야기를 하면서 울고 있었다.

그렇다. 어려서 부모와 분리되어 오랜 기간 1:5, 1:10의 비율로 사회복지사의 손에 키워진 아이들에게는 아버지 모델, 어머니 모델, 자녀 모델도 필요하겠다는 생각이 들었다. 그래서 성도 중에서 되도록 1:1 부부 멘토를 결연하고, 안 되면 같은 성을 가진 성도님으로 1:1 멘토 결연을 했다. 선한울타리는 사역을 시작한 지 만 10년이 넘은 지금도 멘토와 멘티가 1:1 결연을 하며, 멘토링에는 기한이 없다.

하나님이 주신 영감으로 멘토 결연은 했는데, 멘토링에 대한 어떤 교육도, 경험도, 지식도 없었다. 멘토링을 하면서 어려움을 겪고 있는 초기 멘토들에게 어떤 가이드도, 조언도 주지 못했다. 그저 멘토님들은 자신의 양육 경험을 기초로 시행착오를 겪으며 아이들을 만나고 계셨다.

참나무 프로젝트

그러던 차에 스티브 모리슨 장로님이 전화를 주셔서 "한국에서 자립준비청년 사역을 하고 있는 미국인 선교사를 알게 되어 내가 이번에 한국 가서 만나기로 했는데 함께 만났으면 좋겠습니다"라며 가뭄의 단비 같은 제안을 하셨다. 기회만 있으면 비슷한 사역을 하는 분들을 만나서 도움을 받고 싶은데, 한국에서 이 사역을 하고 있는 분을 소개해주신다니 마다할 이유가 없었다.

2016년 11월, 스티브 장로님과 함께 존 마이클 베커라는 미국인 선교사님을 만나게 되었다. JM이라는 약칭으로 불리는 이 선교사님은 미국의 명문대학을 졸업하고 취업을 준비하다가, 꿈을 통해 한국의 보육원으로 부르시는 하나님의 콜링에 순종하여 단신으로 한국에 오셨다.

10년 전에 한국의 보육원에 오셔서 아이들에게 영어와 농구를 가르치며 함께 생활했는데, 보육원에서 외국인이 함께 거주할 수 없게 규정이 바뀌어 지금은 밖에서 생활하신다고 했다.

JM 선교사님은 어린아이들과 생활하다가 그 아이들이 고등학교를 졸업하면 보호종료가 되어 준비 없이 시설을 떠나는 것이 안타까워서 '참나무 프로젝트'라는 단체를 만들어 대학생 자립준비청년들에게 멘토링과 장학금 지원사업을 하며, 선한울타리보다 먼저 대한민국 땅에서 자립준비청년을 돕고 계셨다.

선교사님은 우리가 처음 만난 날 기쁜 표정으로 말씀하셨다.

"처음에 자립준비청년들의 현실에 가슴이 아파서 이 아이들을 돕고 싶어 한국 교회의 문을 두드렸습니다. 이런 이야기를 하면 교회가 반응하고 이 아이들을 돕겠다고 할 줄 알았는데 나의 제안에 한국 교회는 반응하지 않고 무관심했습니다. 나는 그동안 한국 교회가 자립준비청년들을 돕는 사역을 하는 것을 두고 기도해왔습니다. 오늘 집사님을 만나니 드디어 오랜 기도가 응답받은 것 같습니다."

선교사님의 말씀을 듣는 내내 한국 교회의 성도로서 참 많이 부끄러웠다. 대한민국은 OECD에 가입된 선진국으로, 부자 교회가 얼마나 많은데 미국에서 대학을 갓 졸업한 목사안수도 없는 청년 선교사가 아프리카도 아니고 동남아시아도 아닌 한국에 와서 보육원 아동과 자립준비청년을 돕고 있다니.

선교사님이 자립준비청년의 장학금으로 지급하는 재원은 모두 미국에서 후원받는 돈으로 해결하고 있다는 말씀에 다시 한번 부끄러운 마음을 감출 수가 없었다. 동시에 젊은 나이에 한국에 와서 10년이 넘도록 이 땅의 어려운 아이들을 위해 헌신하신 선교사님에게 너무도 감사한 마음이 들었다.

선교사님에게 나의 마음을 전달할 때 두 가지 마음이 겹쳐서인지 말을 하면서 자꾸 울먹이게 되었다. 나보다 훨씬 젊은 당시 30대 초반의 미국인 선교사님의 입에서 선한울타리가 선교사님의 오랜 기도의 응답이라는 말씀을 들으니 내 마음은 책임감으로 더욱 무거워졌다.

이날 만남 중에 특별히 참나무 프로젝트가 귀국한 한인 유학생 같은 미국의 기독교 선진 사회복지문화를 경험한 분들과 함께 자립준비청년들을 위한 멘토링을 하고 있다는 점에 주목했다. 선교사님은 이미 오랜 시간 보육원에서 아이들을 보살피며 알게 된 지식과 성경 말씀에 근거하여 멘토링 가이드를 만들어 시행하고 계셨다.

선한울타리는 그동안 2년 가까이 멘토링을 하면서, 앞서가며 가르침을 주실 선배님이 없이 지도 없는 길을 걸어가는 막막함 가운데 있었다. 그 자리에서 염치 불구하고 참나무 프로젝트의 멘토링 가이드를 선한울타리의 사역 현장에 맞게 수정해 사용할 수 있는지 여쭈었다.

당시 선한울타리의 멘티는 대부분 고졸이어서 대학생을 대상으로 하는 참나무 프로젝트의 멘토링 가이드를 그대로 적용할 수는 없었다. 그래도 아무런 가이드 없이 멘토링하고 있던 우리에게 참나무 프로젝트의 멘토링 가이드는 정말로 필요한 안내서였다.

선교사님은 조금도 주저하지 않고 바로 그 자리에서 아무 대가 없이 참나무 프로젝트의 멘토링 가이드를 사용하도록 허락해주셨다. 사역의 선배님을 처음 만나서 오랜 시간의 경험에서 비롯된 귀중한 보물을 선물로 받고 감사한 마음을 뭐라 표현할 수가 없었다.

JM 선교사님은 이후 2018년 11월 샘물교회 선한울타리주일에 〈누가 그들의 이웃이 되겠느냐?〉라는 제목으로 시편과 누가복음의 본문 말씀을 가지고 설교 같은 간증을 나누어주셨다. 그날 샘물교회의 성도들은 선교사님의 간증에 큰 감동을 받았으며, 많은 후원금이 약정되었고, 멘토를 비롯한 많은 봉사자의 헌신이 있었다.

사역 초기, 선한울타리가 어떻게 사역해야 할지 헤매고 있을 때 JM 선교사님을 통해 길을 인도해주시고 멘토링의 기초를 만들도록 하신 하나님께 감사드린다. 사역이 10년을 넘긴 지금도 참나무 프로젝트의 선교사님 부부와 송미정, 이지은 선생님이 사역의 선배님으로 오랜 우정을 이어가고 있음에 감사하다.

Break the Cycle

한국입양홍보회 설립자인 스티브 모리슨 장로님은 '입양의 날'이 있는 5월과 '입양가족 전국대회'가 있는 가을에 한국에 오셨다. 입양가족들이 있는 곳이면 어디든 방문하셨다.

샘물교회 입양주일에도 오셔서 함께 예배드리고, 입양가족들과 식사하며 교제를 나누셨다. 샘물교회 입양주일에 간증자로 초청되어 세상의 모든 아이에게 가정이 필요함을 역설하셨다.

장로님의 순수하고 헌신적인 섬김은 언제나 본이 되었고, 교제를 나누면서 언젠가부터 이분은 내게 삶의 멘토 같은, 가장 존경하는 어른이 되었다. 장로님은 내가 엠펙 활동을 열심히 할 때도 격려와 지지를 해주셨지만, 2015년 선한울타리 사역을 시작한 이후로 이전보다 더 큰 관심을 보여주셨다.

미국으로 해외입양을 가기 전 14세까지 홀트고아원에서 살았던 장로님은 시설에서 함께 살았던 친구들을 기억하고 한국에 오시면 줄곧 교제를 갖곤 하셨다. 입양되지 못하고 시설에서 살다가 보호종료된 친구들의 어려운 삶에 늘 가슴 아파하셨던 장로님은 선한울타리 사역에 적극적인 후원자가 되어주셨다.

교회에서 2016년부터 선한울타리주일을 허락해주신 후로 매월 정기후원금이 들어왔지만, 계속 늘어나는 멘티들을 위해 숙소를 임대하고 매주 식재료를 공급하고 교육비를 지원하다 보니 재정이 빠듯했다. 그러던 중 장로님이 2017년 11월에 미국 LA에서 미주입양홍보회(미주엠펙)가 주최하는 후원 갈라쇼에 자립준비청년 사역을 하는 단체들을 초청하면서 선한울타리도 초청해주셨다.

나는 입양한 셋째 딸 중경이와 함께 참석해 두 번째 발표자로 사역을 소개했고, 선한울타리는 후원 갈라쇼를 통해 큰 금액을 후원받아 사역 초기 어려운 재정 형편에 큰 도움을 얻었다.

그해 후원 갈라쇼의 제목은 〈You can help 'Break the Cycle' beyond the orphanage〉(보육원 너머, 삶의 악순환을 끊는 여정에 함께해주세요)였다. 'Break the Cycle'은 '악순환의 고리를 끊는다'라는 의미다. 보육원에서 보호종료된 청년들을 지원하여, 이들이 자칫 자신의 자녀를 다시 보육원으로 보내는 악순환의 반복을 끊어보자는 강력한 표어였다.

2019년 말 코로나19가 전 세계를 강타하면서 교회에 모여서 예배를 드리는 것이 한동안 금지되었고, 그 영향으로 그해 선한울타리주일에도 정기후원자가 많이 줄어들었다. 그해 겨울, 동네 탄천변을 걷고 있을 때 스티브 장로님이 연락을 주셨다.

"올해 미주엠펙 후원 갈라쇼에서 모금한 후원금 중에서 일부를 보낼 수 있을 것 같아요."

할렐루야! 장로님이 말씀하신 금액은 그해 코로나19의 영향으로 줄어든 약정후원금액과 정확하게 일치했다. 장로님에게 감사의 인사를 드리고 대화를 마친 후, 걸음을 멈추고 그 자리에서 한참을 하나님께 감사의 기도를 드리지 않을 수 없었다.

보육원 아동들은 일반 가정의 자녀들에 비해 사교육의 기회가 거의 없다 보니, 기초학력 부족으로 수업을 따라가지 못한다. 자립준비청년 전형으로 대학에 입학해도 수업 내용을 이해하지 못하여 중간에 자퇴하는 것이 현실이다. 지적장애 3급이나 경계선 지능의 보육원 아동들의 현실은 더욱 심각하다.

이런 상황에서 매년 미국에서 후원 갈라쇼를 통해 한국의 보육원 아동들에게 교육비를 지원해주시는 장로님과 미주엠펙에 깊이 감사드린다. 해외입양 후 훌륭한 양부모님의 양육을 통해 성공했지만, 혼자 잘 먹고 잘사는 데 머물지 않고 공개입양 활성화, 보육원 아동과 자립준비청년 지원에 앞장서 주시는 장로님을 진심으로 존경한다.

선한울타리주일

샘물교회는 매년 10월 셋째 주일에 선한울타리주일을 지킨다. 당회 조직에 선한울타리 위원회가 있고 그 안에 선한울타리와 입양부가 있다. 선한울타리는 담당 교역자, 위원장, 부장, 팀장, 팀원으로 구성되어 있으며, 매년 선한울타리주일을 준비하기 위해 3개월 전부터 움직인다.

선한울타리주일에 성도님들에게 전할 사역 보고서에는 지난 1년간 사역의 업데이트된 내용을 담는데 거기에 회계보고서와 후원봉사 약정서가 포함된다. 우리는 회계보고서를 통해 1년 동안의 수입과 지출 내용을 투명하게 공개하고, 성도님들은 후원봉사 약정서를 통해 CMS 후원 약정이나 멘토/울타리팀 봉사를 신청하실 수 있다.

사역 초기부터 선한울타리는 받은 후원금을 결연한 자립준비청년들을 위해 사용하는 것을 원칙으로 하며, 1년간 사용하고 남은 재정은 청년들의 자립을 준비하는 숙소의 보증금으로 적립하고 있다. 사역의 규모가 예전과 비교할 수 없이 성장했어도 여전히 고정비를 거의 사용하지 않고 후원금 거의 전부를 자립준비청년들을 위해 사용하고 있다.

선한울타리주일 준비 중 가장 중요한 것은 봉사자의 간증과 사역을 홍보하는 동영상이다. 자원봉사자들의 도움을 받아 제작하는데 큰 돈을 들이지 못하고 시간도 짧지만 사역의 효과적인 홍보에 큰 역할을 담당한다. 멘토와 울타리팀 봉사자 중에서 간증자로 택함받은 분들은 1-4부 예배 시간에 약 5분 분량으로 성도님들 앞에서 간증을 한다.

선한울타리의 봉사자들은 샘물교회의 성도 중에서 이렇게 정성스럽게 준비한 사역 보고서와 동영상, 간증을 통해 하나님이 주신 감동을 받아 봉사의 길로 들어오신 분들이다. 부족하지만 기도로 준비하는 선한울타리주일을 통해 하나님은 매년 교회 내에서 새로운 헌신자와 재정을 공급해주신다.

교회 공동체와 함께하는 유익

10년 전 선한울타리 사역을 시작하고서는 페이스북으로 사역을 홍보했다. 처음에는 주로 주위의 입양가족들을 통해 알음알음 사역이 알려졌지만 그런 와중에도 하나님의 은혜로 동역교회들이 생겨나고 사역에 관심이 있는 분들이 찾아오셨다.

그중에는 이미 개인적으로 자립준비청년들을 만나서 혼자 힘으로 사역을 하고 있는 분도 계셨는데 이런 분들은 대부분 많이 지쳐있었다. 혼자 개인 사역을 하시는 분들은 대개 1년을 넘기기 어렵다. 처음에 선의를 가지고 아이들을 만나면서 밥과 커피도 사주고, 생일도 챙겨주고, 명절에 집으로 초대해서 대접하는 것에서부터 시작하신다.

그런데 이렇게 아이들을 만나다 보면 아이들의 결핍이 눈에 들어온다. 직접 본인의 결핍을 이야기하며 도와달라고 요청하는 아이들도 있고, 말을 하지 않아도 아이들의 질병이나 재정 사고를 목격하게 되면 옆에서 그냥 말로만 하기엔 너무 딱하다 보니 주머니를 열어서 재정적 도움을 주어야 하는 상황에 이르게 된다.

처음엔 혼자 힘으로 해보려 하지만 이내 곧 큰 부담으로 돌아온다. 다행히 주위에 같은 마음을 품은 교우분이나 친구들이 있으면 십시일

반 지원을 나누어 할 수 있지만, 그 재원도 한정적이다 보니 곧 바닥이 나고 그때쯤이면 정신적으로도 지치고 바닥을 친다. 그러다 보면 아이를 만나는 것이 부담스러워지면서 사역이 흐지부지되는 경우가 많다.

그동안 오랜 시간 사역을 하면서, 아무리 좋은 마음을 가지고 하시더라도 개인 사역으로 3년을 넘기는 분을 본 적이 없다. 우리는 연약하고 생각보다 쉽게 지친다. 그래서 사람들은 묻는다. 어떻게 10년 넘도록 사역을 지속할 수 있었냐고. 나도 개인 사역으로 자립준비청년들을 도왔다면 3년을 넘기기 어려웠을 것이다.

선한울타리는 나의 개인 사역이 아니라 교회사역이다. 여기에 큰 차이가 있다. 선한울타리 사역을 통해 교회의 힘을 실감한다. 교회는 성도들의 공동체다. 그것도 그리스도가 머리 되신 공동체다.

선한울타리의 멘토가 되면 결연되는 자립준비청년과 밥을 먹고 차를 마신다. 1년에 한 번 생일을 챙긴다. 명절에는 가능하면 아이를 가정으로 초대해서 음식을 나눈다. 선한울타리는 여기에 들어가는 비용을 멘토가 부담하도록 한다. 다른 기관들의 경우 이런 비용도 사업비에서 지출하다 보니 대부분 1년이면 사업을 종결한다.

선한울타리는 무기한 멘토링을 하는 교회사역이다 보니 무기한으로 멘토링에 들어가는 식비와 찻값을 지원할 수 없다. 목자가 목원들을 위해 희생하는 것처럼 최소한 내가 맡은 멘티를 위해 밥을 먹고 차를 마시는 비용은 멘토가 부담하도록 한다.

선한울타리에는 큰 원칙이 있다. 멘티에게 절대로 현금지원을 하지 않는다. 멘티가 아무리 힘들어도 멘토에게 현금을 빌리거나 달라고 할 수 없다. 대신 선한울타리가 멘티의 자립을 위해 필요한 주거지원, 재정 지원을 할 수 있다.

모든 것은 증빙을 받고 지원한다. 큰 지원은 선한울타리가 맡아서 하다 보니 멘토는 멘티가 지원이 필요하거나 큰 위기에 빠지면 선한울타리 사역을 하는 교회 담당자에게 연락하면 된다. 그래서 선한울타리 멘토는 오래 할 수 있다. 교회라는 공동체가 있어서 가능한 일이다.

각 교회의 선한울타리는 독립적인 재정으로 운영하기도 하고, 개인 성도들의 후원을 받아서 사용하기도 하고, 교회에서 예산을 책정해서 지원하기도 한다. 방식은 달라도 원칙은 똑같다. 멘토는 정한 기준 이상의 재정적 부담을 지지 않는다.

자립준비청년 사역에서 가장 핵심적인 요소는 '지속성'이다. 주양육자와의 분리를 경험한 아이들에게 어른에 대한 신뢰를 회복하게 하는 방법은 지속적인 멘토링 외에는 다른 해답이 없다. 지속적인 멘토링을 하려면 반드시 공동체가 있어야 한다. 그래서 교회는 자립준비청년 사역을 하기에 가장 적합한 공동체인 것이다.

오랜 시간 홀로 사역을 지탱하다가 지쳐서 찾아오시는 분 중 선한울타리로 들어오셔서 함께 동역하시는 분들이 적지 않다. 선한울타리는 그분들이 더 이상 개인적으로 재정적인 부담을 지지 않도록 한다.

선한울타리로 들어오면 그냥 멘토로만 활동하시게 해 재정적 부담을 덜어드리고 아이들을 만나서 교제하고 정서적 지지를 하는 데 집중할 수 있도록 돕는다. 이것이 공동체가 줄 수 있는 유익이다. 사역을 오래 할 수 있는 비결은 공동체와 함께하는 것이다.

종합사후관리서비스

선한울타리가 자립준비청년 멘티를 위해 지원하고 있는 내용은 사회복지 전문용어로 하면 '종합사후관리서비스'(Total After Care Service)다. 나는 사회복지 전공자가 아니라서 학문적으로는 잘 모르지만 자립준비청년의 자립을 지원하려면 한두 가지로는 안 된다는 것은 확실하다.

가정에서 자녀를 키워서 스스로 자립하려면 생애주기별로 다양한 지원이 필요하다. 가정에서도 경제적으로 어렵다 보면 필요한 지원을 제때 해주지 못해 대학에 진학하고 취업하여 제대로 자리를 잡는 데 오랜 시간이 걸리기도 한다. 자립준비청년들은 더하면 더했지 덜하진 않다.

최근에 만난 한 청년은 교통사고로 다친 팔을 제때 치료받지 못한 채 계속 일하다가 급기야 수저를 들지도 못할 정도로 악화된 상태로 선한울타리와 결연되었다. 다시 한번 손을 잡아줄 어른이 필요했다. 몸과 마음이 피폐해진 상태의 이 청년을 위한 상담, 생계비, 수술 및 치료비를 포함한 종합사후관리가 필요했다.

선한울타리가 협력하는 재단들과 함께 청년의 치료와 자립을 돕기로 했다. 이 청년 또한 시간이 지나면 우리가 앞서 만난 아이들처럼 자신의 삶을 당당히 살아갈 것이다.

선한울타리는 자립준비청년 멘티를 위해 신앙훈련을 비롯해 멘토링, 주거지원(식재료비, 자립물품), 교육비, 취업지원(경계선 지능, 지적장애 3급 대상), 자립 훈련, 법률지원, 의료지원을 하고 있다(p246 참조).

전문적인 기관, 재단, 기업도 한두 가지만 가능한 서비스를 아마추어 같은 교회 단체가 여덟 가지 서비스를 지원한다고 하면 대부분 깜짝 놀란다. 교회에는 다양한 구성원이 존재하며 그들은 다양한 직업과 은사를 갖고 있다. 선한울타리는 여기에서 사역 확장의 가능성을 발견했다. 아무것도 없는 것 같지만 모든 것을 가진 공동체, 그것이 교회 공동체의 힘이요 잠재력이다.

신앙훈련

선한울타리는 교회에서 시작된 단체라서 다른 기관이나 단체와 달리 지원 서비스의 맨 상단에 '신앙훈련'을 올려놓았다. 그렇다고 무슨 훈련 과정을 이수하는 것은 아니다. 아이에게 교회에 다닌 적이 있는지 물어서 아직 아니라면 선한울타리와 결연하면 교회에 갈 수 있는지 묻는다. 결연을 하면 '멘티에게 복음을'이라는 복음전파 훈련을 받은 멘토가 멘티에게 복음을 제시한다. 교회를 출석하지 않고 있는 멘티에게는 멘토가 출석하는 교회에 가서 함께 예배를 드리도록 권면한다.

우리가 이처럼 복음 제시와 예배 출석을 중요하게 생각하는 이유는 부모의 사랑을 받지 못하고 시설에서 자란 아이들이 회복되려면 예배를 통하여 하나님을 만나고 하나님의 사랑을 경험하는 것 말고는 다른 길이 없다고 믿기 때문이다.

아이들은 70퍼센트 이상이 기독교재단에서 운영하는 보육원에서 자랐으나 보호종료가 되어 세상으로 나오면 대부분 교회를 떠난다. 사역 초기에 아이들에게 그 이유를 물으면 대답은 한결같았다.

"원장님도, 선생님도 기독교인이었는데 정말 별로였어요."

"억지로 교회에 가게 한 것 때문에 지금은 안 가요."

"예배당에 앉아 있어도 아무런 느낌이 없어요. 하나님은 안 계신 것 같아요."

"보육원에서 새벽예배를 하루에 두 번 드린 적이 있는데 한 번 안 갔다고 간식을 안 줬어요."

"나는 하루도 안 맞고 넘어간 날이 없었어요. 기도를 해도 그날 또 맞았어요. 하나님은 안 계신 것 같아요."

"우리 보육원은 이단이 운영했어요. 그래서 교회 안 가요."

여러 이유가 있었지만, 종합해보면 아이들은 안타깝게도 '무례한 기독교'를 경험했다. 보육원 종사자분들 중 일부는 기독교인으로서 아이들에게 삶의 본이 되지 못하셨던 것 같다.

사역 초기에는 아이들에게 이런 이야기를 들으면 교회에 나오라는 이야기를 쉽게 하지 못했다. 혹시라도 지원을 조건으로 예배를 강요하는 인상을 줄까 봐 조심스러웠다.

몇 년 전까지만 해도 기독교에 반감만 없으면 선한울타리와 결연할 수 있었다. 교회에 다닌다고 하여 결연했는데 결연 후에 예배에 나오지 않는다고 지원을 중단한 적도 없다.

우리는 매우 예의 있는 기독교인이 되려고 노력했으나 결과적으로는 선한울타리의 지원은 받지만 예배를 드리는 사람은 소수였다. 매월 드리는 기도회 때 기도 제목의 맨 상단은 언제나 아이들의 예배와 신앙 회복에 대한 내용으로 채워져 있었다.

선한울타리는 최근부터 멘티에게 복음을 제시하고 예배를 권면하는 것을 적극적으로 하고 있다. 통계적으로 봤을 때 결연 초기 1년 안에 예배의 습관을 바로잡지 못하면 다시 예배로 돌아오는 확률은 매우 낮았다. 만나는 아이들을 위해 절대로 무례하지 않고 예의 바르게 예배를 권면하고 있다.

최근에 보육원을 찾아가면 초등학교 고학년만 돼도 아이들이 교회를 나가지 않는다고 한다. 인권이 강화되면서 종교의 자유가 보장되고, 교회에 가라고 하면 종교의 자유를 침해했다는 이유로 신고 대상이 된다고 한다. 앞으로 세상으로 나오는 아이들이 정말 걱정이다.

협력단체를 통해 미국에 유학 가 있는 멘티는 가끔 내게 보이스톡으로 연락을 준다. 한참 근황을 나누고 통화를 마칠 때쯤 용기를 내어 아이에게 인사를 한다.

"○○아, 사랑한다."

전화기 사이로 잠시 침묵의 시간이 흐른다. 경상도 남자치고는 다정한 아이는 곧 응답한다.

"장로님, 저도 장로님 사랑합니다."

여러 번 통화를 하다가 어느 날은 내가 까먹고 통화를 마치려 할 때, 아이가 먼저 수줍은 목소리로 인사한다.

"장로님, 사랑합니다."

처음엔 말하는 나도 많이 어색했는데, 아이에게 꼭 말해주고 싶었다. '너는 사랑받는 존재'라는 걸.

나는 선한울타리와 결연된 청년들 모두 하나님께서 우리에게 보내주신, 그분의 사랑하는 자녀라고 생각한다. 헨리 나우엔의《탕자의 귀향》이라는 책을 참 좋아한다. 작가는 책을 통해 성부 하나님의 마음을 이야기했다. 사역을 하면서 성부 하나님의 마음을 깨닫는다. 그리고 그분의 마음을 닮아가려고 노력한다.

선한울타리에는 드물지만, 멘토링이 잘 안되고 만남을 거부하는 청년도 있다. 그러나 우리는 그 아이를 절대로 포기하지 않는다. 우리와 결연된 멘티는 한 아이도 빠짐없이 기도 제목에 올라가 있고, 아이를 위해 기도한다. 언젠가 그 아이도 심경에 변화가 생기거나 형편이 어려워져 다시 우리에게 돌아올 때 성부 하나님의 마음으로 용납하고 섬겨야 할 하나님의 자녀이기 때문이다.

사역의 지속성

거듭 말하지만 자립준비청년 멘토링의 핵심은 '지속성'이다. 그 멘토링이 지속되기 위해서는 교회의 선한울타리 사역이 지속되어야 한다. 사람을 대상으로 하는 사역은 단기간에 결과를 내기 어렵다. 서두르면 조바심을 내다가 제풀에 지쳐서 포기하게 된다.

자립준비청년 사역에 관심이 있다고 하여 방문한 교회에서 만난 목사님이나 장로님들은 '사역의 지속성'이라는 명제 앞에 언제나 고민이 깊어지신다. 교회가 이 사역을 시작하면 1년만 할 수는 없는데, 교회의 예산과 재정을 고려하면 살짝 들어봐도 청년 1인당 많은 재정이 투입될 것 같고, 앞으로 2-3년 계속할 수 있을지 우려가 된다는 안타까운 답변이 돌아오기도 한다.

나도 한 교회의 장로이기 때문에 재정에 관한 이분들의 우려를 충분히 공감한다. 그렇지만 사역을 하면서 하나님께서 경험케 하신 소중한 자산이 있다. 하나님은 고아와 과부와 객을 돌보는 것은 하나님의 정의를 행하는 것이라고 친히 말씀하셨다.

고아와 과부를 위하여 정의를 행하시며 나그네를 사랑하여 그에게 떡과 옷을 주시나니 신 10:18

10년을 사역해오는 동안, 선한울타리 사역을 시작한 교회가 재정 때문에 중간에 사역을 중단한 사례를 본 적이 없다. 교회가 자립준비청년 사역을 시작하면 성도들이 지갑을 열었다. 한 교회는 사역을 시작하자마자 3년치 사역에 필요한 개인 후원금이 모였다. 최근에 한 교회에서는 사역을 홍보하자마자 기업가 성도님이 사역을 위해 매월 큰 금액을 정기적으로 후원하겠다고 약정하셨다.

하나님은 그분의 정의를 실현하고자 친히 역사하신다. 우리가 두려움을 내려놓으면 하나님께서 일하신다. 우리가 스스로 설정한 한계 안에서만 사역하면 기적을 경험할 수 없다. 하나님이 주신 도전이라는 확신이 있다면 순종하기만 하면 길을 여신다. 다만 그 도전이 내 생각과 계획은 아닌지 말씀과 기도를 통한 검증이 필요할 뿐이다.

교회가 사역을 시작하고 매년 한 명이라도 지속적으로 멘토 결연을 하면 아이들이 교회에서 보이기 시작하고, 어느 정도 숫자가 모이면 그중에는 잘 살아가는 친구도, 힘든 친구도 있게 마련이다.

한 명이 결연되었는데 한 명이 속을 썩이면 100퍼센트가 힘든 것이다. 그런데 한 명 한 명 모여서 10명이 되면 대개 1:8:1의 비율이 나온다. 비록 소수지만 '이런 아이가 가정에서 자랐다면 어떻게 됐을까?' 할 정도로 놀라운 성과를 내는 청년도 나오고, 대부분은 대학을 다니거나, 직장을 다니거나, 아르바이트를 하면서 꾸역꾸역 살아낸다. 사람들이 대개 그렇게 살아가듯 말이다.

장애나 우울증 등으로 봉사자들의 진을 빼는 힘든 케이스도 나올 때가 있지만 동역자들에게 격려가 되는 청년들이 있고, 아주 소수지만 은혜로울 정도의 열매를 보여주는 청년도 있어서 우리는 사역을 계속할 힘을 얻는다. 그래서 한번 시작했으면 그래도 어느 정도 모수가 확보될 때까지는 버텨야 사역에 대한 나름 객관적 평가를 할 수 있게 된다. 사역 초기에 한두 명을 지원하고 결과가 좋지 못하다고 중도에 포기하는 것은 어리석은 결정이라고 생각한다.

입양에 관한 연구도 사람을 대상으로 하다 보니 30년 종단연구를 하기도 한다. 그런데 똑같이 사람을 대상으로 하는 사역을 하면서 최소 10년은 해봐야 작은 결과라도 보지 않겠나 싶다. 자립준비청년을 지원하는 선한울타리 사역 역시 지속성이 가장 중요하다.

동역의 힘, 지속의 은혜

선한울타리는 교회에서 시작한 사역이다. 그래서 한국 교회로 사역을 확장하고자 노력한다. 한 교회라도 더 함께하면 지원할 수 있는 자립준비청년의 숫자가 늘어날 수 있다. 선한울타리는 함께하는 교회를 '동역교회'라고 부른다. 2025년 6월 현재 28개의 교회가 함께하고 있다.

샘물교회가 처음 사역을 시작했을 때 자립준비청년 사역에 관심이 있는 교회를 방문하면 내게 목사님이나 장로님이냐고 묻곤 하셨다.

"아니요, 집사입니다."

"집사도 이런 사역을 할 수 있어요?"

대한민국 교회의 사역은 그동안 목사님들이 주도적으로 이끌어 오셨다. 몇몇 유명한 장로님도 계시지만, 집사는 없었던 모양이다.

선한울타리는 샘물교회에서 담임목사님이 길을 열어주셨고 장로님, 권사님들이 기틀을 만드는 데 많은 도움을 주셨으며 집사님들이 사역 현장에서 헌신적인 봉사로 섬겨주셨다. 사역은 이렇게 옆으로 옆으로 확장되어 갔다.

담임목사님이나 장로님이 아무리 사역을 하고 싶어도 헌신하는 성도가 없으면 사역을 시작할 수 없다. 목사님은 강대상에서 말씀으로 성도들에게 사역에 대한 영감과 도전을 주신다. 그러면 성도는 하나님께서 목사님을 통하여 주신 말씀에 순종하여 사역을 실제로 만들어간다. 교회는 함께 세워가는 공동체다.

선한울타리 사역 초기에는 입양가족을 통하여 알음알음 사역이 소개되어 동역교회가 하나하나 천천히 늘어갔다. 내가 교계에 유명한 목사도 아니다 보니 이것 또한 너무 감사한 결과였다. 그러다가 어느 해는 함께하는 교회가 여러 곳 생기더니, 2023년부터는 동역교회가 세워지는 속도가 빨라지고 있다.

사역을 시작하면서 기도하는 중에 하나님께서 주신 꿈이 있었다. 전국에 240개가 넘는 보육원이 있는데, 지역의 한 교회가 그 지역에 있는 시설과 결연되는 꿈이다. 한 교회로 부족하면 그 지역에 있는 여러 교회가 연합하여 한 보육원을 섬기면 좋겠다.

보육원은 전국 여러 지역에 있고, 보육원을 보호종료하는 자립준비청년은 자기가 자란 지역을 떠나기가 쉽지 않다. 거기에 함께 자란 친구가 있고, 어려서부터 익숙한 지역을 떠나는 것이 두렵기 때문이다.

1년에 한 교회가 보호종료되는 자립준비청년 2명을 결연할 수 있고, 그런 교회가 100개만 된다면 1년이면 200명의 자립준비청년을 책임질 수 있다. 2025년 현재 28개의 동역교회에서 약 250명의 청년을 멘토링하고 있다. 샘물교회에만 90명이 넘는 청년을 섬기는 봉사자 숫자가 130명에 이르고, 동역교회 전체로는 봉사자 숫자가 수백 명에 이른다.

물론 동역교회의 사역이 모두 활발하게 성장하지는 않는다. 어느 교회는 자립준비청년 1명을 결연한 이후로 더 이상 청년을 결연하지 못하는 교회도 있고, 어느 교회는 몇 년간 교회의 지원 없이 성도들의 헌신으로만 사역을 힘겹게 유지하다가 힘들고 지쳐서 사역을 중지하기도 했다. 사역을 시작하고 몇 년 동안 정체기를 겪다가, 뜻밖의 계기를 통해 갑자기 섬기는 청년의 숫자가 급격하게 늘어난 교회도 있다.

선한울타리는 동역교회를 위해 사역의 매뉴얼을 갖추고 있다. 청년들에게 지원하는 종합사후관리서비스에 대한 기준도 마련했다. 동역교회의 멘토와 봉사자를 위한 교육용 동영상도 만들고, 오프라인 교육도 실시한다. 멘토와 봉사자를 위한 힐링캠프와 멘티들을 위한 여름캠프도 진행하고 있다.

교회마다 규모도 다르고, 그에 따라 재정 상태도 다르다 보니 청년들에게 지원하는 내용도 차이가 날 수밖에 없다. 그렇지만 우리는 지원 내용을 표준화하려고 노력한다.

몇 년 전부터 외부 재단들과 지원사업을 하고 있다. 교회에서 성도들로 구성된 자원봉사단체였다 보니 서류 작업이 서투르고 행정력도 부족했다. 처음에는 외부 재단들과 사업하는 것을 엄두도 낼 수 없었고, 외부 재단들도 선한울타리를 사업의 파트너로서 신뢰하지 못했다. 그렇지만 하나님은 우리를 천천히 조금씩 준비시키셨다.

몇 년 전부터 초록어린이재단을 통해 한 기업의 후원을 받게 하시면서 사업 신청, 결과 보고 등 사회복지사들이 하는 업무를 경험하게 하셨고, 이랜드재단, 열매나눔재단, 월드비전, 한사람재단, 기아대책 등과 지원사업을 할 수 있는 기회도 허락하셨다.

선한울타리의 가장 큰 특징은 재단들과의 지원사업을 동역교회와 공유하는 것이다. 재단을 통해 들어오는 재정을 동역교회가 멘토링하는 청년들에게 골고루 지원한다. 동역교회들은 재정적으로 차이가 있다. 교회의 규모가 크든 작든 간에 한 사역을 위해 많은 예산을 책정할 수 없다. 청년들에게 갑자기 지원이 필요할 때 재원을 제때 마련하는 것이 힘들 수도 있다. 규모가 작은 교회 중에는 멘토링은 가능하지만 재정지원은 어려운 곳도 있다.

그럴 때마다 재단들과의 지원사업은 큰 도움이 된다. 동역교회들과 지원금을 균등하게 나눔으로써 교회들이 사역을 결정할 때 우려하는 재정적 부담이 줄어들게 되었다. 우선권을 내려놓고 나눔을 실천함으로 해서 더 많은 교회가 연합을 이루어갈 수 있게 되었다.

2025년 2월, 미국의 LBTO(Love Beyond The Orphanage)가 주최한 제3회 〈Move on〉이라는 행사가 열렸다. 이 행사는 올해로 3년째 자립준비청년을 지원하는 많은 기관과 단체가 동참하여, 전국에서 오는 수백 명의 자립준비청년들을 만나는 박람회 형식의 지원행사다. 선한울타리는 특별히 5개의 부스를 배정받고 5개의 동역교회가 팀을 꾸려서, 방문하는 자립준비청년과 상담했다.

동역하는 교회들과 한 팀으로 행사에 참여하는 경험을 통해 우리의 연합이 더욱 단단해짐을 느낀다. 자립준비청년 사역을 통해 한국 교회의 연합을 이루어가게 하시는 하나님께 감사드린다.

중보기도의 힘

선한울타리 사역으로 여러 보육원, 교회, 성도님들과 연결되고 있다. 임마누엘 영육아원은 아침마다 직원 기도회를 하는데 내가 잊을 만하면 유성숙 자립담당 부장님이 해주시는 말씀이 있다.

"저희가 아침마다 선한울타리와 장로님을 위해 기도합니다."

박순옥 목사님(구미소망교회)은 구미의 보육원에서 일하다가 퇴사하신 후 자립준비청년을 위한 교회를 세우셨는데, 새벽기도마다 선한울타리와 나를 위해 기도하신다고 말씀해주신다.

사역하다 보면 어려운 일이 한두 개가 아니다. 가지 많은 나무에 바람 잘 날 없다는 옛 속담처럼, 지원하는 아이들이 늘어나면서 크고 작은 일들이 반복적으로 일어난다. 아주 드물지만, 놀란 가슴을 쓸어내리는 사건도 일어나곤 한다. 그럴 때마다 전화기 너머로 늘 선한울타리와 부족한 나를 위해 기도하고 있다고 말씀하시는 분들의 목소리가 기억난다.

전문성도 부족하고, 인력과 체계도 부족하고, 여러 가지로 부족한 것이 많음에도 점점 늘어나는 청년들을 돌볼 수 있는 것은 하나님께서 중보기도의 용사들을 붙여주셨기 때문이라고 생각한다.

그러자 네 생물과 이십사 명의 장로들이 어린양 앞에 엎드렸습니다. 장로들의 손에는 거문고와 향이 가득한 금대접이 들려 있었습니다. 이 향은 하나님의 백성들이 드린 기도들입니다. 계 5:8 쉬운성경

성경은 우리가 드리는 기도가 향이 되어 하나님께 올라간다고 말씀하신다. 자립준비청년들을 향한 하나님의 마음이 많은 분들에게 부어져서 같은 마음으로 기도해주시니, 부족하지만 이 사역이 유지될 뿐만 아니라 조금씩 조금씩 성장해나가는 것 같다.

사역을 매개로 국내뿐만 아니라 해외에서도 연락을 받고, 만남과 관계가 이루어진다. 미국 캘리포니아주 〈한 영혼 회복의 집〉의 이애경 사모님은 수년 전에 미주엠펙 조디 모리슨 사모님의 소개로 알게 되었다. 선한울타리가 매월 사모님에게 기도 제목을 보내드리면 중보기도팀과 함께 사역과 청년들을 위해 기도해주신다.

얼굴 한번 뵙지 못한 상태에서 하나님 한 분 때문에 인연이 되어 선한 울타리를 위해 수년째 중보기도를 해주시는 사모님과 중보기도팀에 늘 기도의 빚을 지고 있다.

2025년 3월 미국에 갔을 때 식당에서 잠시 사모님의 얼굴을 뵈었다. 처음 뵈었고 짧은 시간이었지만 오랫동안 봐온 지인 같은 마음으로 이야기를 나누고 헤어졌다. 작별 인사를 하고 자리로 돌아가는데, 갑자기 사모님에게 기도를 받고 싶다는 생각이 들었다. 한 번도 그런 적이 없었는데 서둘러서 주차장으로 달려가서 기도 부탁을 드렸다. 공개적인 주차장 공간의 한 켠이었지만 사모님의 기도를 받으며 큰 위로를 받았다.

선한울타리 기도 사역을 이야기하면 빼놓을 수 없는 귀한 분이 선한 울타리 기도팀을 섬기는 조소연 집사님이다. 2021년에 집사님이 중국 베이징에서 연락을 주셨다. 해외에 계셨지만 본인이 가진 달란트로 선한 울타리를 섬기고 싶어 하셨다.

집사님은 그때부터 지금까지 매월 말이면 선한울타리의 멘토 톡방에 계시는 멘토분들에게 멘티들의 기도 제목을 올려달라고 공지한다. 약 2주간 멘티들의 수많은 기도 제목을 받고 그 내용을 정리하여 다음 달 초에 선한울타리의 각 톡방에 그달의 기도 제목 전체를 올려주신다.

선한울타리 샘물교회는 매월 둘째 주 토요일 아침에 교회에서 모여 기도회를 하는데 우리가 드리는 기도회의 문건은 모두 조소연 집사님의 한결같은 수고로 이루어진다.

매월 기도회 외에도, 선한울타리 샘물교회의 모든 톡방에는 매일 멘티 4명의 기도 제목이 하루도 빠짐없이 올라온다. 조소연 집사님이 만들고 간사님이 올려주시는 것이다.

멘티의 숫자가 계속 늘어나기 때문에 기도 제목을 받고, 기도문을 정리하는 집사님의 수고도 계속 늘어나고 있다. 조소연 집사님이야말로 아직 얼굴 한번 뵙지 못했음에도 사역과 아이들을 위해 이처럼 수고해주시니 뭐라고 감사의 표현을 해야 할지 모르겠다. 여전히 해외(인도네시아)에 계시면서 사역을 위해 헌신하시는 집사님의 수고를 하나님께서 갚아주시길 기도한다.

동역자를 보내주세요

2023년 어느 날 아내와 식탁에서 선한울타리 사역에 관해 대화를 나누고 있었다.

"여보. 나는 선한울타리 안에 당신과 함께 사역을 나눠서 해주실 동역자를 보내달라고 기도하고 있어."

"무슨 이야기를 하는 거야? 선한울타리 안에는 이미 멘토님들도 계시고, 울타리팀 권사님, 집사님들도 계신데 동역자를 보내달라니?"

"내가 보기에 당신은 혼자서 모든 일을 다 하고 있는 것 같아. 당신이 어떻게 생각하든, 난 계속 기도할 거야."

아내와의 대화를 마치고 혼자 생각에 잠겼다. 사역이 8년 정도 지난 시점에서 동역자들과 역할을 나눈 분야가 있었고, 여전히 내가 업무를 대부분 처리하는 분야가 있었다.

멘티가 새로 오면 1:1로 결연할 새로운 멘토가 세워져야 한다. 아이들의 숙소를 관리하고, 함께 장을 보는 업무는 울타리팀 권사님, 집사님들의 역할이었다. 멘토와 울타리팀은 나 혼자 다 맡아서 할 수 없으니 당연히 역할을 분담했다.

사역이 확장되면서 수입과 지출이 생기다 보니 투명한 운영을 위해 믿을만한 집사님에게 회계를 맡겨야 했다. 우울증으로 힘들어하는 청년들을 위해 상담이 필요했고, 전문적으로 상담을 공부하신 권사님이 팀장을 맡으셨다. 이 밖에도 선한울타리에는 사역 소식을 페이스북이나 네이버 카페에 올리고 후원자분들께 문자로 소식을 전하는 홍보팀장 집사님, 아이들의 취업과 진학 상태를 정리해서 올려주시는 일자리팀 집사님도 계셨다.

그 나머지 사역은 모두 내가 맡아서 하고 있었다. 부장의 역할도 맡고 있었고, 멘토팀을 맡아주시던 집사님이 그만두신 후 멘토팀장도 맡고 있었다. 사역의 리더를 맡으면서 여기저기 밖으로 다니는 일이 많아졌다. 불러주시는 교회가 있으면 어디든 가서 간증, 사역 설명회, 멘토링 교육을 했다. 교회로 찾아오시는 손님들도 많아졌다.

작지만 중국과의 무역업으로 생업을 하고 있는 상태에서 교회의 사역이 주일뿐만 아니라 주중에도 계속 이어지니 월요일부터 주일까지 선한울타리 사역에 매달리게 되고, 선한울타리가 본업처럼 되어 하루의 대부분을 사용하고 있었다.

임원으로 신청하신 분들이 대부분 직장을 다니시니 주중에 업무를 분담하도록 부탁하는 것이 미안하기도 했다. 그나마 나는 자영업으로 시간을 자유롭게 사용할 수 있는 편이라 혼자 할 수 있는 것은 그냥 혼자 해결하는 것이 마음 편했다.

더 심각한 문제로, 역할을 나눈 분야 이외에 사역을 함께하고 싶어서 봉사를 신청하신 분 중에는 주어진 역할이 애매하다 보니 어느 순간부터는 기도회나 운영위원회 때 모습이 보이지 않게 된 분도 계셨다. 아내의 기도 제목을 듣고 난 후 얼마 안 되어 내가 봉사를 신청하고 사역을 함께하길 원하시는 분들의 의욕을 꺾고 있다는 것을 깨달았다.

2024년부터 교회 조직에서 선한울타리가 위원회로 격상되고, 장로인 나는 위원장을 맡아야 하는 상황이 되었다. 2023년 말, 더 이상 미룰 수가 없어서 멘토로 섬겨주시는 집사님들 중에 열심히 섬기시는 몇 분께 용기를 내어 부탁을 드렸다. 집사님 중에서 부장과 멘토팀장을 세우고, 역할을 분담하고, 되도록 두 분이 각자의 역할을 맡아서 하시도록 권한을 위임했다.

젊은 집사님들은 나보다 훨씬 성숙하고 사회성도 좋았다. 임원이 되자마자 각 가정에서 돌아가며 식사 교제를 시작했는데, 모여서 함께 식사하고 회의를 하며 더욱 친해졌다. 그분들은 나 혼자 끙끙대던 일들을 가져가 훨씬 멋지고 훌륭하게 감당해주었고, 본인들이 가진 달란트로 선한울타리를 더욱 따뜻하고 전문성 있는 단체로 세워가고 있다.

요즘은 샘물교회 선한울타리 사역을 보면서 동역자를 보내주시길 기도한 아내에게 얼마나 감사한지 모른다. 아내는 오랜 시간 옆에서 조용히 멘토로, 울타리팀으로 내조를 해주었는데, 나도 모르는 사이에 교회 안에서 아름다운 동역이 이루어지도록 가장 중요한 기도의 내조를 해주고 있었다.

한 아이를 위한 마을 - 선한울타리 멘토링

자립준비청년의 멘토링은 최근 3년 전부터 한국의 자립준비청년에 대한 연구를 하시는 분들의 논문을 통해서 새롭게 조명받는 분야다.

예전에는 자립준비청년의 자립을 위해서는 주로 재정지원과 주거지원에 초점이 맞춰져 있었다. 사람이 혼자 살아가는데 이런 부분이 가장 필수적이고, 기본적인 지원이 부족하다 보니 정서적인 부분을 언급하는 것이 사치처럼 여겨지던 시절도 있었다.

2022년 전남 광주시에서 보호종료를 앞둔 자립준비청년 한 명과 막 보호종료가 된 청년 한 명이 연달아 극단적인 선택을 하는 사건이 발생했다. 한 청년은 보호종료를 앞두고 불안한 마음에, 한 청년은 보호종료 후 중증장애가 있는 부모가 있는 원가정으로 복귀한 것에 대한 과중한 부담으로 이러한 선택을 했다.

첫 번째 경우는 청년이 보호종료 이후 지원받을 수 있는 내용에 대한 정보 부족으로 인해 지나친 불안을 느껴 일어난 사건이다. 누구 한 명이라도 자립준비청년에게 지원하는 재정지원 금액을 포함한 구체적인 정보만 이 청년에게 제대로 전달했어도 최악의 선택을 막을 수 있었다.

두 번째 경우는 중증장애부모 중 한 분이 이미 사망한 이후에 남은 중증장애부모 한 분을 청년이 돌봐야 하는 상황이었다. 자기 몸 하나도 자립하기 어려운 나이에 같이 살지도 않았던 중증장애부모를 돌봐야 한다는 부담이 안타까운 결과를 빚어냈다.

언론과 방송을 통해 한국 사회의 원가정에 대한 병적인 집착이 빚어낸 가슴 아픈 사건들을 보게 된다. 대한민국은 낳은 부모가 저지른 살인,

학대, 경제적 갈취에 대해서는 지나칠 정도로 관대한 나라다. 원가정 안에서 일어난 경악할 만한 사건들이 놀랍게도 빠른 시간 안에 잊혀간다.

아이를 보육원에 맡긴 부모 중에는 자녀의 양육에 관심이 없고, 심지어는 보육원에 있는 동안 정기적인 면접 교섭도 하지 않을 정도로 도덕적 해이에 빠진 분이 많다. 그런데 그런 사람 중에 보호종료가 되면 아이 앞으로 나오는 주거지원과 재정지원 정보를 알고는 시설에 원가정 복귀를 요구하는 경우가 있다.

보육원 원장님들은 시설에 있는 동안 법적 후견인의 자격이 있음에도, 이렇게 찾아오는 부모들에게 아이들을 돌려보내지 않을 어떤 법적인 권한을 갖고 있지 않다.

이런 경우 대부분 단기간에 아이 앞으로 나온 지원금을 모두 빼앗고, 심지어는 아이 앞으로 나온 임대아파트나 전세 임대에 본인들이 거주하며 아이를 월세방으로 내쫓기도 한다. 가장 최악은 아이가 벌어오는 돈을 계속해서 갈취하는 파렴치한 부모들 때문에 아이들이 경제적으로 자립을 이루지 못하는 것이다.

아이들은 오랜 시간 부모와 떨어져 살았지만, 보호종료 후 외롭고, 부모와 함께 살고 싶은 마음에 피해를 당하면서도 부모와의 관계를 끊지 못하고 정서적으로 '의존'이라는 상태에 매여 계속 착취를 당한다.

최근에 어떤 자립준비청년 지원단체 하나가 자립준비청년의 원가정 복귀를 목표로 한다는 이야기를 전해 듣고, 입양에 이어 자립준비청년에 대해서도 현실을 고려하지 않고 이런 이상적 목표를 세우는 단체가 있다는 사실에 속이 많이 상했다.

현실이 이렇다 보니 자립준비청년에 대한 멘토링의 중요성이 점점 더 부각되고 있다. 선한울타리는 오랜 시간 사역하며, 국내 단체 중 최초로 멘토링을 시작했다. 제대로 된 멘토링을 하는 몇 안 되는 단체 중 하나임에도 그동안 정당한 평가를 받지 못했는데, 비로소 이때부터 정부와 국회, 공공기관, 재단 등으로부터 주목을 받기 시작했다.

선한울타리는 처음부터 완벽하게 준비하고 시작한 것은 아니지만 다른 단체와는 차별되는 멘토링을 하고 있다. 앞에서 언급한 대로 부부멘토나 싱글멘토가 멘티와 1:1로 기한이 없는 멘토링을 하려면 멘토링 교육을 받아야 한다. 처음에는 참나무 프로젝트의 도움을 받아 멘토링 가이드를 문서화했고, 2021년에는 예수향남교회 정갑신 목사님의 도움으로 3부작 멘토 기초교육 동영상을 만들었다.

2023년에는 삼성전자, 국민일보와 함께 '디딤돌가족 멘토링' 프로젝트를 하면서 선한울타리가 멘토링 교재를 개발했고, 예비멘토들을 대상으로 하는 강의에 참여했다. 디딤돌가족 멘토링 교재는 짧은 준비 시간에도 샘물교회 김미양 권사님이 심혈을 기울여 만들어주신 덕분에 멘토링을 준비하는 신규 멘토들에게 큰 도움이 되고 있다.

선한울타리의 멘토링이 갖는 가장 큰 특징은 울타리팀이 멘토링에 참여한다는 것이다. 울타리팀은 처음엔 울타리(숙소)에 입소하는 멘티들을 위해 숙소를 관리하고 함께 장을 보는 역할을 담당했다.

멘토링을 주로 담당하는 멘토는 아무리 1:1 멘토라도 입양과는 달리한 집에 함께 거주하지 않다 보니 일주일에 한 번 만나는 첫해에도 일주일 중 나머지 6일은 청년이 어떻게 지내는지 알 수가 없다.

그런데 울타리(숙소)에 거주하는 멘티는 울타리팀과 격주마다 장을 보니까 장을 보면서 이런저런 이야기를 나누고, 장을 본 후에 함께 식사도 하게 되었다. 그러면서 멘토와 나누지 못했던 이야기들도 나누게 되고, 자연스럽게 울타리팀 권사님, 집사님을 통해 멘티들의 소식이 멘토들과 공유되면서 한 아이를 더욱 잘 이해하게 되고 멘토와 울타리팀은 서로 윈윈하는 상호보완적 관계가 되었다.

아프리카 속담에 한 아이를 키우려면 온 마을이 필요하다고 했는데, 선한울타리는 한 아이를 위해 사역의 리더, 멘토, 울타리팀, 상담팀이 협력하여 멘토링을 하니 혼자 하면 생길 수 있는 빈틈이 촘촘하게 메꿔지는 효과가 있었다. 우리가 처음부터 의도하지는 않았지만 우리 청년들을 가장 잘 아는 하나님께서는 선한울타리 멘토링 가운데 합력하여 선을 이루는 그분의 지혜를 공급하고 계셨다.

빚진 자의 마음

하나님은 내가 20대일 때부터 '빚진 자의 마음'을 알게 하셨다. 대학 때 우리 과에 90명의 학우가 있었다. 그 가운데 다섯 명 정도가 몰려다니며 함께 밥을 먹고 스터디도 하곤 했는데, 그중 두 명이 선교사 서원을 한 친구였다. 그들은 어린 나이에 하나님께 서원한 중국 선교사가 되기 위해 한국외대 중국어과에 입학했다.

한 친구는 대학을 졸업하자마자 대만으로 신학대학원을 갔고, 대만과 중국에서 선교사로 사역하다가 지금은 대만에서 교회를 개척했다.

다른 한 친구는 신대원을 나와 중국 선교사로 갔다가 추방을 당하고 지금은 캐나다 캘거리에서 중국인 교회를 섬기며 선교사로 살아가고 있다.

젊은 나이부터 선교사로 헌신하는 친구들을 보며 마음에 부담이 컸다. 나중에 신앙생활을 하며 이 마음이 '빚진 자의 마음'이라는 것을 깨닫게 되었다. 당장 친구들처럼 해외선교사로 나가서 주를 위해 직접 섬기지 못하지만, 어찌 보면 내가 져야 할 선교의 짐을 대신 지고 있는 친구들을 위해 뭐라도 해야 할 것 같은 마음이 들었다. 일차적으로, 소득이 있는 한 이 친구들에게 매월 정기적으로 선교후원금을 보내는 것이 내가 할 수 있는 최선이라는 생각이 들었다.

선한울타리 사역을 하면서도 부끄럽지만 빚진 자의 마음이 발동할 때가 있다. 선한울타리에서 지원하는 자립준비청년들과는 비교할 수 없을 정도로 힘들고 어려운 청년들을 돕고 보살피는 단체들을 만날 때가 있다. 사법 체계를 경험했거나 반복적인 문제행동을 하는 청소년과 청년들을 섬기는 단체나 시설들이다.

그저 '대단한 분들이다'라고 생각하는 정도로 그치는 것이 아니라 이분들을 위해 뭐라도 해야 할 것 같은 마음의 부담이 올 때가 있다. 선한울타리는 윤용범 장로님을 통하여 희망홈(김기헌 대표), 위키코리아(임귀복 목사) 같은 단체를 소개받았고, 적지만 그곳에서 생활하는 아이들을 위해 필요한 비용을 때때로 후원하고 있다. 최근에는 화성에 있는 여성단기청소년쉼터(안혜연 소장)를 눈여겨보고 있다. 하나님은 우리가 그리스도께 빚진 자로서 우리보다 어려운 분들에게 늘 열린 마음으로 사역하길 원하신다.

자비량 사역자

선한울타리의 좋은 소문이 퍼지면서 외부 재단들과의 지원사업이 활성화되어 감사한데, 사회복지사가 해야 할 서류 업무가 힘에 겨울 정도로 많아졌다. 개인사업을 하면서 사역을 병행하는 중에 사회복지사의 과중한 서류 업무까지 감당하는 것이 힘들었다. 업무량이 목까지 차오를 즈음에 하나님은 나에게 백기사를 보내주셨다.

선한울타리 멘토로 섬겨주시는 김태현 권사님(분당우리교회)이 처음에는 예전에 사회복지사로 일한 경험으로 서류 작업을 도와주려 하셨으나 대신 사회복지사 한 명을 고용할 수 있도록, 같이 멘토로 섬기시는 남편 선대인 성도님과 함께 선한울타리 간사 1명의 월급을 책임져주기로 하셨다.

법인 설립 전이었지만 타 교인이 선한울타리의 간사 월급을 지원해주신다는 보고를 들으신 샘물교회 당회는 두 분 후원자의 헌신에 감사하면서 교회 안에 간사가 일할 수 있는 사무실 공간을 무상으로 임대해주셨다. 참으로 감사한 결정이었다.

이제 함께 일할 간사만 찾으면 되는데, 이 문제가 해결되지 않았다. 선한울타리 봉사자 몇 분에게 간사로 일해주시도록 권했지만, 작은 공간에서 남자 상사와 둘이 일하는 것이 불편했는지 모두 고사하셨다.

오랫동안 직원을 구하지 못하자 나는 마지막으로 아내에게 함께 일할 것을 부탁했다. 이미 사회복지사 자격증이 있고, 선한울타리에서 멘토와 울타리팀으로 오랫동안 봉사한 아내는 잘 준비된 직원으로 보였다.

하지만 나의 간곡한 부탁에도 처음에 아내는 완고하게 거절했다.

"당신이 자비량으로 봉사하고 있는데, 내가 어떻게 월급을 받고 일해. 다른 멘토나 울타리팀 집사님들도 자기 돈 써가며 봉사하시는데 나 혼자 월급 받고 일하는 거 못 해."

아내는 한 번 안 한다면 안 하는 사람인 걸 알기에 더 이상 부탁할 수 없었다. 그러다 우리 부부가 선대인, 김태현 멘토님 부부를 만날 일이 있었는데, 두 분이 간사는 찾으셨냐고 물으셨다.

"아뇨. 일할 분이 없어서 아내에게 부탁했는데 거절당했습니다."

"거절하신 이유가 뭐예요?"

"저 혼자 돈 받고 일하는 게 부담이 돼서요."

"돈 주는 우리가 괜찮다는데 뭐가 문제예요! 그냥 일하세요. 괜찮아요."

두 멘토님이 웃으며 말씀하시자 아내는 비로소 간사로 일하는 것을 받아들였고, 아내가 선한울타리에서 돈을 받고 일하는 것에 부담이 있었던 나도 비로소 마음이 가벼워졌다.

아내가 간사로 들어오면서 선한울타리는 더욱 일이 많아졌다. 법인 설립을 준비하면서는 아내 혼자 일하기가 버거울 정도로 서류 작업이 많아졌다.

2024년 봄, 선한울타리 샘물교회의 멘토와 봉사자들과 함께 가평우리마을에서 힐링캠프를 열었다. 그때 멘토로 섬기시는 김해진 집사님이 눈에 들어왔다. 남편인 성덕용 집사님에게 나중에 선한울타리의 형편이 나아지면 아내분과 함께 일하고 싶다는 의사를 전했다.

2024년 여름, 입양가족인 신용운 대표님이 지인 그룹과 함께 선한울타리를 후원하고 싶다며 내게 도울 게 없느냐고 물어오셨다. 그 분은 한국입양홍보회 시절부터 오랫동안 연을 맺어왔고 입양법 운동을 하면서도 함께 의기투합했던 분이다.

"간사를 한 명 고용하고 싶은데 도움을 주실 수 있을까요?"

대표님은 함께하는 분들과 의논하신 후 간사 한 명의 급여를 지원해주기로 하셨고, 그 후원 덕분에 김해진 멘토님이 선한울타리의 간사로 일할 수 있게 되었다.

하나님은 성도들의 후원금을 고정비로 사용하고 싶지 않은 내 마음을 아시고 샘물교회 안에 사무실을 무상으로 임대받게 하시고, 별도의 후원그룹을 세우셔서 간사 두 명의 급여를 해결해주셨다. 하나님의 공급하심이 아름답고 선하다.

종교사단법인 설립 이후에도 나는 여전히 자비량 사역자로 일한다. 성도들은 법인이 설립된 후 상임이사 각자대표로 일하는 나도 당연히 월급을 받는 줄 아신다. 법인화되기 오래전부터 이미 급여를 받고 있다고 생각하는 분들도 계신다. 내가 돈을 받지 않는 자비량 사역자라는 사실을 성도들께 일일이 설명하기도 쉽지 않다.

나는 하나님께 종종 떼를 쓴다.

'하나님. 제가 선한울타리에서 월급을 받지 않고 사역할 수 있도록 사업이 잘되게 해주세요. 사업이 어려우면 다른 방법으로라도 재정을 채워주세요. 하나님께서 주시지 않으면 사역을 계속할 수 없는 것 아시잖아요. 제가 이곳에서 일하는 것이 하나님께 기쁨이 된다면 저에게 필요한 것을 공급해주세요.'

솔직히 지난 2년간 많이 힘들었지만, 하나님은 다른 방법으로 우리 가정에 필요한 재정을 공급해주셔서 사역을 감당하는 데는 어려움이 없었다. 나는 항상 은퇴를 꿈꾼다. 그래서 선한울타리의 다음세대 리더를 세워주시길 기도한다. 가능하면 다음 선한울타리 리더도 자비량으로 일할 수 있는 분이 세워지면 좋겠다.

chapter **6**

말보다 더 깊은 마음 읽기

공부해야 한다

매년 여러 교회에 가서 간증이나 사역 설명회, 멘토링 교육을 하게 될 때마다 항상 '공부의 중요성'을 빼놓지 않고 이야기하며 강조한다. 감정노동으로 인한 깊은 영적 침체를 겪고 난 후 하나님께서 가장 깊이 깨닫게 하신 것 중 하나는 공부의 필요성이었다.

사회복지나 심리상담을 전공한 분도 여럿 계시지만 대부분 나와 같이 전공과 무관하게 하나님께서 주신 선한 마음을 가지고 봉사에 임하고 계신다. 그런데 그러다 보니 가끔은 봉사자 입장에서 처음 의도한 대로 되기보다는 오히려 자립준비청년과의 관계에서 어려움을 겪는 경우도 발생한다.

우리는 아동권리보장원의 홈페이지 자료실에서 관련 논문이나 자료를 내려받아 함께 스터디를 하면서 자립준비청년에 대한 지식을 쌓아갔다. 그러나 이 아이들에 대한 정보나 지식을 배우는 것과 아이들을 이해하는 것은 다른 차원의 문제였다.

사역할수록 점점 더 이해하기 어려운 우리 아이들 때문에 끙끙대는 중에 교회 상담부를 담당하시는 윤재순 권사님으로부터 귀한 분을 소개받게 되었다. 2018년 6월, 공동생활가정 '해피프랜드'를 운영하시는 이경례 사모님을 모시고 보호대상아동의 이해를 돕는 강의를 들었다.

많은 분이 보육원은 잘 알지만 공동생활가정은 잘 모른다. '그룹홈'이라고도 부르는 공동생활가정에는 최대 7명의 보호대상아동이 함께 거주한다. 남편 목사님과 사모님은 해피프랜드에서 5명의 남학생을 양육하고 계신데 전에는 5명의 여학생을 양육한 경험도 있다고 하신다.

10년이 넘도록 보호대상아동 중에서도 난이도가 매우 높은 아동들을 돌보신 사모님을 모시고 강의와 질의응답 시간을 가지면서 청소년과 친밀감을 높이기 위해 알아야 할 4가지 지식과 2가지 기술을 배웠다. 또한 부모와 함께 살 수 없는 아동들에게는 그들 곁에 있어주는 것만으로도 힘이 된다는 중요한 사실을 배웠다.

사모님은 분리 경험을 한 아동들이 부모에 대하여 품고 있는 분노와 그럼에도 불구하고 보고 싶어하는 마음을 말씀해주셨다. 그룹홈에서 만 18세 보호종료 후 자립을 위해 어떤 훈련을 받고 있는지도 설명해주셨다. 특별히 윌리엄 글래서(William Glasser 미국의 정신과 의사이자 심리학자)의 욕구 이론을 설명해주셨는데, 돌보고 있는 아동들에게 자유 욕구와 즐거움의 욕구가 두드러진다는 말씀에 고개가 끄덕여졌다.

선한울타리도 돌보고 있는 자립준비청년들을 지금보다 더 잘 이해하려면 의사소통 훈련도 받아야 하고 그것을 통해 청년들에게 격려, 인정, 지지 같은 긍정적인 피드백을 주어야 함을 다시 한번 명심하는 시간이었다.

또한 사모님은 《청소년 감정코칭》이라는 아주 귀중한 도서를 한 권 소개해주셨는데 이 책은 이후 선한울타리 봉사자들의 필독서가 되었고, 선한울타리 상담팀의 팀장님이 매년 신규 봉사자와 함께하는 스터디 교재로 사용되고 있다. 이렇게 공부가 쌓여가면서 우리는 이전보다 성숙한 멘토와 봉사자로서 아이들을 조금 더 이해할 수 있게 되었다.

괄호 속 아이들의 진짜 마음

자립준비청년 사역을 시작하게 된 계기는 신문 기사를 읽고 마음에 큰 부담을 느낀 것이었다. 돌이켜 보면 하나님은 그날 아침에 그 기사를 사용하셔서 나를 이곳으로 부르셨다. 언론과 방송은 사실에 기반하여 아이들의 어려운 형편을 알려주어야 한다. 독자나 시청자들은 매체를 통하여 간접경험을 한다.

그런데 몇 년 전부터 지속적으로 마음을 불편하게 하는 것들이 있다. 나름 유명한 NPO(Non-Profit Organization 이윤 추구보다는 공익 목적을 위해 활동하는 비영리단체)인데 유튜브나 다른 매체에서 자립준비청년을 이용해 '빈곤 포르노'[6] 방식의 홍보를 한다. 자극적인 영상이나 문구를 통해 후원을 늘리려는 의도가 보인다.

---

6) '빈곤'(貧困)과 '포르노그라피'(Pornography)의 합성어로, 단순히 가난에 대한 것을 촬영하거나 실태를 고발한 것이 아니라 가난을 과장하여 자극적으로 연출, 묘사한 영상 및 소설, 또는 그러한 모습으로 동정심을 일으켜 모금을 유도하는 일을 가리킨다.

물론 우리 아이들 중에는 보통 사람들은 상상하기 어려운 고난을 겪는 경우도 있다. 그러나 이런 식의 광고나 홍보는 대부분의 자립준비청년들이 보호종료 후 당장 도움을 받지 않으면 죽을 것 같은 위기에 빠지는 걸로 오해하게 만든다.

사실 자립준비청년들은 보호종료가 되면 자립정착금, 디딤씨앗통장, 자립수당의 재정지원을 받으며 대학생의 경우 생계급여도 받는다. LH공사를 통해 전세 임대나 임대아파트도 지원받을 수 있다.

최근 몇 년 사이 자립준비청년을 위한 재정지원, 주거지원이 지속적으로 개선되고 있다. 그 지원정책의 업데이트 속도가 너무 빨라서 업계에 있는 나도 놓치는 것이 점점 많아질 정도다.

다만 이 청년들이 자신에게 주어진 재정을 관리할 능력이 부족하다 보니 시간이 지나면서 빠른 속도로 가진 것을 잃고 얼마 지나지 않아 빈곤계층으로 전락한다.

그렇다 보니 이쪽 업계에 있는 봉사자들끼리는 자립준비청년도 연령에 따라 맞춤형 지원이 필요하다는 이야기를 한다. 특히 요즘 같아서는 보호종료 후 5년이 지나고 더 이상 지원받을 곳이 드물어진 청년들을 지원하는 것이 필요하다. 아이들은 생애주기별로 그때마다 필요한 부분이 다르고, 때에 맞추어 적절한 지원을 받아야 자립이 용이하다. 지원 시기를 한번 놓치면 꽤나 오랫동안 자립에 어려움을 겪는다.

빈곤 포르노 방식의 과장된 후원 광고 중 이런 내용이 있다.

'모든 것이 끝났다는 생각에 두렵고 막막했어요'

맞다. 선한울타리도 자립준비청년을 위해 옆에 있어줄 '한 사람'이 되어주기 위해 사역을 시작했다. 그렇지만 지금 당장이라도 도움을 주지 않으면 자살을 시도할 것 같은 슬픈 표정, 어두운 배경, 강렬한 색상대비 등 지나치게 감정에 호소하는 광고는 아이들의 마음을 오해하게 만든다.

아이들은 실제로 외롭다. 그래서 강아지와 고양이를 키운다. 그런데 아이들이 외롭다고 말하고, 옆에 있어줄 사람이 필요하다고 말하는 이면에 아이들이 말하지 않는 마음의 괄호 안에 들어 있는 '지문'을 읽어야 한다. 아이들은 아무 때나 사람이 필요하지 않다. 아이들은 '자신들이 필요할 때' 옆에 있어줄 사람이 필요하다.

아이들과 멘토링을 시작하면 약속을 지키는 것이 중요하다. 만나는 날짜와 시간을 정했으면 약속을 지켜야 한다. 그러나 아이들과 친해지고 친구가 되고 싶다고 너무 들이대고 질척거리면 안 된다.

교회에서 간증이나 사역 설명회, 멘토링 교육을 할 때마다 이 이야기를 빠뜨리지 않고 꼭 하는데, 그러면 간증이나 강의를 들으시는 분 대부분이 많이 웃으신다. 실제로 어른들이 아이들과 친해지고 싶어서 하는 행동이기 때문이다.

아이들이 외롭다는 생각에 꽂혀서 관계가 형성되기도 전에 너무 서둘러서 잘해주려고 의욕적으로 대하다 보면 아이들은 부담을 느끼고 연락을 피하기 시작한다. 거기다가 잔소리나 간섭이 더해지면 최악의 상황이 된다. 좋은 마음으로 시작했는데 아이들이 연락을 피하고, 약속 시간에 늦고, 심지어 연락도 없이 나타나지 않으면 어른이라도 섭섭하고, 반복되면 화가 나고, 더는 멘토링을 하고 싶지 않은 상태로 접어들게 된다.

그래서 자립준비청년과 멘토링을 하려면 청소년 심리상담에 대한 책 한 권 정도는 읽고 공부해야 한다. 아이들에 대한 이해가 없으면 좋은 마음으로 시작한 봉사가 씁쓸한 뒷맛을 남기며 끝나게 된다.

용어 사용의 중요성

입양가족으로서 드라마나 영화를 보다가 입양이나 입양아에 대한 부분에서 마음이 불편해질 때가 있다. 대사 중에 '부모에게 버림받았다', '버려졌다'라는 대사가 정제되지 않고 나올 때마다 자녀들이 볼까 봐 가슴이 덜컥 내려앉는다.

오죽하면 입양가족 배우 신애라 집사님이 입양한 자녀들에 대해 '버려진 아이'가 아니라 '지켜진 아이'라는 워딩을 사용하셨을까 싶다. 언제나 선한 영향력을 끼치는 차인표, 신애라 님에게 감사드린다.

입양뿐 아니라 보육원에서 자라고 있는 보호대상아동, 그리고 자립준비청년에게도 사람들은 오래전 사용하던 단어들을 여과 없이 사용하고 있다. '고아원', '고아'라는 단어와 입양아에게도 사용하는 '버려졌다'라는 단어가 그것인데, 이러한 단어들이 당사자에게 주는 상처를 한 번만이라도 생각해본다면 함부로 입에 담으면 안 되는 말이라는 것을 꼭 말씀드리고 싶다.

자립준비청년 당사자 중 40세가 넘은 분 중에는 자신의 정체성이 '고아'이니 자기를 고아로 불러달라고 요청하는 분들도 있다. 그분들이 당사자의 권익을 대변하기 위하여 설립한 단체의 이름 중에는 '고아'라는 이름이 그대로 사용되기도 한다.

하지만 당사자들 사이에서도 20대 전후의 청년들은 이 표현을 혐오하며, 자기들이 그렇게 불리는 것을 매우 불쾌하게 생각한다. 오랜 시간 '고아'라는 단어는 한국 사회에서 부정적 이미지로 낙인찍히고, 그 단어 뒤에 욕을 붙여서 사용하는 등 상대방을 비하하는 의도로 사용되는 경우가 대부분이었기 때문일 것이다.

연세가 많으신 분 중에는 아직도 보호대상아동들이 거주하는 시설을 '고아원'으로 부르는 분들도 있다. 교회에 가서 간증이나 설명회, 교육을 할 때마다 용어 사용의 중요성을 강조한다.

물론 교회에서 보호대상아동이나 자립준비청년 사역을 대표해서 통칭하며 '고아 사역'(Orphan Ministry)으로 부르기도 한다. 나도 아주 드물게는 당사자들이 없는 장소에서 상대방의 이해를 돕기 위해 사용하기도 하지만, 당사자들이 함께한 곳에서는 사용을 자제한다. 당사자가 스스로 그렇게 부를지언정 제3자인 내가 그렇게 부르는 것은 조심해야 한다고 생각한다.

사역 초기 샘물교회 선한울타리주일에 성도님들에게 사역을 홍보하기 위해 만든 동영상을 보고 자립준비청년 멘티 두 명이 매우 흥분하여 멘토님에게 강력하게 항의한 적이 있다.

동영상 중에 어느 공영방송에서 자립준비청년에 관해 다룬 특집방송 중 한 대학교수의 인터뷰 내용을 일부 편집해 삽입했는데, 문제는 그가 자립준비청년이 부모와 분리되어 시설에 입소하는 과정을 표현하며 '버려졌다'라는 단어를 두 번이나 사용했고, 그것을 우리가 편집 과정에서 제대로 걸러내지 못한 것이다.

영상을 만들며 조심한다고 했음에도 충분히 주의하지 못하여 발생한 사고로 상처받은 아이들에게 직접 전화하여 사과했다. 의도하지는 않았지만 가뜩이나 어려서부터 부모와 단절된 상태에서 상처받은 아이들에게 또다시 상처를 주어 미안한 마음이 컸다.

아이들을 만나기 어렵다?

샘물교회는 2008년부터 경북 김천의 임마누엘 영육아원과 오랜 시간 보육원 아동 가정체험행사를 해온 상호 간의 신뢰가 쌓여 있다 보니 큰 어려움 없이 자립준비청년을 소개받고 사역을 시작할 수 있었다. 그렇지만 사역이 계속되면서 다른 시설에서 자립준비청년을 소개받는 것이 생각보다 어렵다는 것을 실감하게 되었다.

전국에 240개가 넘는 보육원과 500개가 넘는 공동생활가정, 그리고 가정위탁에서 매년 2,500명이 넘는 자립준비청년들이 세상 밖으로 나온다고 하는데 아이들을 만나는 것이 너무 어려웠다.

선한울타리뿐만 아니라 이 사역에 관심이 있는 개인이나 신생 단체의 경우 아이들을 소개받아 만나는 것이 어렵다 보니 사역을 시작조차 하지 못하고 여기저기에 협조를 요청하기도 한다. 사역에 동참하는 새로운 동역교회가 세워지고 자립준비청년을 교회로 연결하려고 하다 보면 매번 같은 문제에 부딪혔다.

답답한 마음에 처음 2-3년 동안은 한국아동복지협회를 방문하여 협조를 요청하고, 전국 시도 아동복지협회를 통하여 보육원에 협조공문을 보낸 적도 있었다. 몇몇 시설 담당자로부터 반가운 전화를 받기도 했지만 실제로 결연으로 연결된 사례는 거의 없었다.

시간이 조금 지나고 시설로부터 아이들을 추천받는다는 것이 우리 입장에서는 쉬운 생각이지만, 아이들을 추천하는 시설의 입장에서는 어려운 결정이라는 것을 이해하게 되었다.

사역의 시간이 계속되면서 여러 보육원 원장님을 만나고 상호 간에 신뢰가 쌓이니 그분들이 속마음을 털어놓기 시작했는데, 선한울타리가 처음 시설을 방문해서 자립준비청년을 결연하고 멘토링한다는 이야기를 했을 때 우리를 믿고 아이들을 보내는 것이 쉽지 않았단다. 기독교 단체나 교회라면서 시설을 방문하지만, 그중에는 이단도 있고, 이상한 어른들이 많다 보니 무턱대고 아이들을 보내줄 수 없었다는 것이다.

그분들 입장을 생각해보니 충분히 이해가 되었다. 9번을 잘해도 1번을 실수하면 한 아이의 인생에 돌이킬 수 없는 피해를 주기 때문에 신중할 수밖에 없는 입장을 이해하고 나니 사역에 있어 가장 중요한 것이 상호신뢰 관계임을 더욱 깊이 인식하게 된다.

선한울타리가 10년이 넘도록 사역했지만 여전히 한 번도 방문하지 못한 시설이 80퍼센트 이상이다. 공동생활가정(그룹홈)은 소규모라서 소개를 받아 일일이 방문하는 것이 거의 불가능하다.

최근에도 선한울타리 사역 초기처럼, 시설을 방문해도 아이들을 만나기 어려운 교회나 성도님들이 연락을 주신다. 보육원 아동들과 한 달에 한 번 예배를 드리고 아이들과 미술활동, 체육활동 등을 하며 교제하고 싶다는 연락을 주시면, 일차적으로 선한울타리가 연락해주신 교회를 검토하고 그동안 신뢰 관계가 형성된 시설과 소통하여 소개를 해드린다.

물론 봉사를 시작하기 전 보육원 아동을 이해하기 위하여 교육을 이수하고, 시설을 방문하여 원장님과 사전 미팅을 한다. 보육원 봉사의 경우 최소한 한 달에 한 번 정기적으로 방문하고, 한번 사역을 시작하면 최소 2년은 지속해야 하며, 봉사자들의 변동이 없어야 하는 등 여러 가지 규정을 제시한다.

아이들은 반갑게 방문한 어른들이 한 번 신나게 놀아주고, 다시 온다는 약속을 해놓고는 다시 오지 않는다면 그때마다 섭섭한 감정이 쌓이고 결국은 어른들을 믿지 못하게 된다. 선한울타리가 정한 규정이 까다롭다고 생각할 수 있지만, 반드시 필요한 규정이다.

보육원 봉사나 자립준비청년 사역을 시작하길 원하는 교회나 성도들을 만나면, 처음에는 작게라도 재정후원을 하도록 안내한다. 지속적인 후원을 통해 시설과 신뢰 관계가 쌓이면서 서서히 방문 횟수를 늘려가고, 그러다 보면 아이들을 만날 기회가 생긴다. 나중에는 결국 자립준비청년까지도 만나게 된다. 서두르면 안 된다. 상대방의 입장에서 생각하면 답이 나온다.

경계선 지능의 아이들

자립준비청년 사역을 시작하고 보육원을 방문하여 원장님들과 상담하는 과정에서 많이 놀란 것 중 하나는 시설아동 중 지능이 낮은 아이들의 비율이 일반 가정보다 매우 높다는 사실이다.

일반 가정의 경우 지능지수 71-84 사이의 느린 학습자 자녀를 둔 비율이 13퍼센트 정도 된다고 하는데, 시설아동의 경우 현장에서 들어보면 20-30퍼센트 정도 되는 것 같고, 그 비율은 점점 더 높아지고 있다.

사람은 태어나면서 갖고 나온 지능지수가 있는데, 가정에서 자라면 제때 수유하고, 기저귀를 갈아주고, 부모의 사랑이 담긴 스킨십을 해줄 때 그가 갖고 나온 지능보다 한 단계 올라간다고 한다. 그런데 반대로 집단양육시설에서 1:1의 양육을 받지 못하여 수유, 기저귀 교체, 스킨십 등이 제때 이루어지지 않으면 자기가 갖고 나온 지능보다 한 단계 낮아진다고 한다.

미국에서 나온 한 자료는 시설아동의 경우 심각한 전염성 질환에 걸리기도 하고, 언어발달이 지체되고, 지적, 사회적 행동 능력이 저하되며, 정신적 손상을 입어 경제적으로 비생산적인 성인으로 자랄 가능성이 증대된다고 보고하고 있다.[7]

시설에서 많은 사회복지사가 사명감을 갖고 보호와 양육에 최선을 다하고 있지만, 유아기에 주양육자와의 1:1 관계가 부족하면 충분한 두뇌 발달이 이루어지지 않는 것이다. 시설에서는 비장애인 아이들과 함께 살면서 보호를 받지만, 보호종료가 되면 세상 밖으로 나와야 하는데 경

---

7) 2018년 홀트복지회에서 개최한 학회에 참석한 University of Minesota의 Dr.Judy Eckerle의 《입양 : 많은 증거들이 이야기하는 가족의 힘》이라는 자료에서 발췌함.

계선 지능의 경우 법적으로 장애인이 아니기 때문에 국가로부터 취업을 비롯하여 그 어떤 지원도 받지 못한다.

그나마 지적장애 3급으로 장애인증이 있는 청년들은 장애인고용공단을 통해 취업지원도 받고 여러 가지 요금감면도 받지만, 경계선 지능의 자립준비청년들은 현재로서는 국가의 외면 속에 보호종료와 동시에 사회의 밑바닥을 깔아주고 있는 것이 냉혹한 현실이다.

경계선 지능의 아이들이 가진 여러 특징 중 수 개념이 약하여 계산이 안 되는 것과 충동적인 부분은 돈 관리에 직접적으로 영향을 준다. 비장애인에 비해 일자리를 찾기 어렵고, 일을 해도 월급이 적은 탓에 버는 돈보다 쓰는 돈이 많기도 하다.

매년 수백 명의 경계선 지능 자립준비청년들이 세상 밖으로 나와서 겪는 어려움에 대해 지난 10년 동안 기회가 될 때마다 정부와 국회에 호소했지만, 이 부분에 대해서는 별다른 개선안이 나오지 않고 있다.

선한울타리 사역이 교회사역이다 보니 자립준비청년을 소개받기 위해 시설을 방문할 때마다 원장님들은 경계선 지능이나 지적장애 3급의 보호종료를 앞둔 청소년들을 제일 먼저 추천한다. 원장님들의 입장에서도 이 아이들을 위한 뚜렷한 대안이 없기 때문이다.

교회는 아이들의 딱한 사정을 배려하여 예수님의 사랑으로 이 청년들을 멘토로 결연하게 되는데, 건강한 비장애인 자립준비청년에 비하여 자립을 지원하는 것이 매우 힘들고 지치는 것이 사실이다.

경계선 지능의 자립준비청년들은 갖고 나온 자립정착금이나 디딤씨앗통장도 보호종료 초기에 대부분 사기나 채무로 날리고, 남자 청년의 경우 노숙이나 교도소에 가는 경우가 많으며, 여자 청년의 경우 유흥가로 가고 성매매를 하는 경우도 많다고 당사자단체를 통해 전해 듣고 있다. 구체적인 사례와 어려움을 열거하면 책 한 권을 써도 모자랄 것이다.

대한민국 정부가 부모의 보살핌을 받지 못하는 경계선 지능의 자립준비청년들의 현실을 더 이상 외면하지 않길 바란다. 솔직히 교회의 자원봉사자들이 홀로 감당하기에는 너무 버거운 대상이다.

뜻하지 않은 안타까운 오해들

사역을 오래 하면서 참 귀한 분들을 만나게 된다. 선한 마음으로 아이들에게 기회를 주시는 분들에게 언제나 감사한 마음뿐이다. 그런데 수혜 아동들이 어리다 보니 뜻하지 않게 오해가 발생하고 좋은 인연이 끊어지는 안타까운 상황이 생기곤 했다.

많은 아이를 돌보고 있다 보니 그중에 싹이 보이는 아이들이 종종 있다. 좋은 마음으로 아이들을 돕고자 연락을 주시는 분 중에 특별히 큰 지원이 가능한 분들도 계신다. 이럴 때 나는 해외에서 한두 달 체류하는 1회성 여행 같은 지원보다는 1년 기간의 ESL 코스같이 좀 더 장기적인 프로그램을 제안하는 경우가 있다.

그런데 아이들과 1년 또는 그 이상의 오랜 시간을 함께하다 보면 아이의 장점뿐만 아니라 단점도 자연스레 눈에 들어오게 된다. 더구나 시설에서 오랜 시간 살았던 아이들은 가정에서 자란 아이들과는 다른 여러 특징을 갖고 있다. 선한 마음은 있지만 아이들에 대한 이해가 부족하면 과정 중에 반드시 상처를 받는다.

보내는 아이들에게도 주의를 주지만 바로 옆에서 지켜보지는 못하다 보니 많은 경우 오해도 생기고, 실제로 실수도 한다. 문제가 생겼을 때, 20세가 넘은 아이들을 완전히 통제할 수 없다. 그래서 아이들의 의견을 되도록 수용한다. 이에 따른 후원 중단은 본인이 책임지는 것이다.

중간에서 후원자와 아이를 결연한 입장에서는 정말 죄송하고, 좋게 시작한 만남을 섭섭하게 마무리 짓게 될 때는 어찌할 바를 모르겠다. 이런 경우 그저 기도할 뿐이다. 후원자분들의 상처받은 마음을 하나님께서 위로해주시길 기도한다.

후원자분들이 섬겨주신 것이 절대로 땅에 떨어지지 않으리라고 생각한다. 지금은 철이 없지만 나중에 시간이 지나고 분명히 감사함을 아는 때가 올 것이라 믿는다. 후원의 과정에서 아이들의 부족한 모습과 나의 미숙함으로 상처받으신 분들께 다시 한번 머리 숙여 사과드린다.

이 땅에서 만나는 예수

아침마다 말씀을 묵상하다 보면 정말 감당하기 힘들 만큼 은혜의 감동을 주시는 날이 있다. 마태복음을 묵상하는 아침이었다. 사역을 하면서 가끔은 '내가 지금 뭘 하고 있는 거지?', '내가 가는 방향이 맞는 건가?' 같은 원론적인 질문이나 회의에 빠지는 경우가 있다. 그럴 때마다 하나님께 기도하게 된다.

'하나님. 제가 지금 하는 사역이 하나님의 뜻인 거 맞나요?'

'하나님. 제가 하고 싶은 사역이 아니라 하나님이 원하시는 사역을 하고 있는 것 맞죠?'

그날도 나는 이런 질문들을 하나님 앞에 쏟아놓고 있었던 것 같다. 마음이 지치고 힘들 때 나타나는 현상이다. 참 인격적이고 친절하신 하나님은 그날따라 말씀을 통해 바로 응답해주셨다.

내가 헐벗었을 때, 너희는 내게 옷을 입혀 주었다. 내가 아플 때, 너희는 나를 돌보아 주었다. 내가 감옥에 있을 때, 너희는 나를 찾아 주었다.' 그때, 의로운 사람들이 그에게 대답할 것이다. '주님, 언제 주님께서 배고프신 것을 보고, 우리가 음식을 주었습니까? 언제 목마른 것을 보고, 마실 것을 주었습니까? 언제 나그네 된 것을 보고, 우리가 초대하였습니까? 언제 헐벗으신 것을 보고, 우리가 옷을 입혀 주었습니까? 언제 감옥에 있는 것을 보고, 또 아프신 것을 보고, 우리가 찾아갔습니까?' 그때, 왕이 대답할 것이다. '내가 너희에게 진정으로 말한다. 보잘것없는 사람에게 한 일, 곧 너희가 이 형제들 중 가장 보잘것없는 사람에게 한 일이 곧 나에게 한 것이다.' 마 25:36-40 쉬운성경

이날 아침, 하나님은 선한울타리가 자립준비청년에게 하고 있는 선행이 그분 자신에게 한 것이라는 말씀을 주셨다. 너희가 그토록 찾고 있는 예수, 너희가 그토록 만나고 싶어 하는 예수는 다른 곳에 있는 것이 아니라 너희가 매일 만나는 자립준비청년이라고, 그들이 바로 이 땅에서 만나는 예수라고 말씀하셨다.

하나님의 음성이 분명하다고 느껴지면 감당이 안 된다. 가슴에서 희열이 터질 듯 복받쳐 오르고 눈물이 줄줄 흐른다. 아침에 혼자 책상 앞에 앉아 묵상하다가 미친 사람처럼 행복해한다. 이럴 때는 같이 사는 아내도 내 마음을 이해 못 한다. 너무 행복해서 정말 미칠 것 같은 은혜로운 아침이었다.

공자는 "아침에 도를 들으면, 저녁에 죽어도 좋다"(朝聞道 夕死可矣, 《논어》〈이인편〉)라고 했다. 참된 이치를 깨달으면 죽어도 여한이 없다는 말이다. 이날 아침 로고스의 말씀이 나에게 주시는 레마의 말씀이 되어 낙심한 나를 다시 살리셨다. 하나님께서 맞다고 하시면 나는 그저 따라가면 되는 것이다.

예수가 없는 신앙

열세 살부터 신앙생활을 했고, 오랫동안 성경도 묵상하고 설교도 수없이 들었지만, 내 신앙 안에 예수가 없다는 사실을 깨닫는 데 오랜 시간이 걸렸다.

성경을 창세기부터 요한계시록까지 매일 아침 일정한 분량을 묵상하고 기도하는 훈련을 20년 가까이 해왔는데 몇 년 전 구약 말씀을 묵상하던 어느 날 아침, 내 안에 '예수신앙'이 없다는 사실을 비로소 인정하게 되었다. 나는 여호와 하나님만 믿는 유대교 신자와 다를 것이 없다는 생각에 소스라치게 놀랐다.

수십 년 동안 설교를 들었고, 제자훈련을 받았고, 예수님에 대한 여러 권의 경건 도서를 읽었음에도 나에게 예수님은 여전히 인간 예수에 머물러 있었다. 이래선 안 되겠다는 생각에 간절히 기도했다.

'예수님. 당신을 제대로 알고 싶습니다.'

'이제라도 제대로 된 기독교인이 되고 싶습니다.'

'예수가 있는 신앙을 갖길 원합니다.'

읽고 있던 구약을 중단하고 신약의 마태복음을 펼쳐놓고 정말 간절한 마음으로 기도하며 마태복음부터 읽어나가기 시작했다. 삼위일체 하나님을 배웠고 성자 하나님을 배웠음에도 아직도 예수를 모르는, 예수가 없는 기독교인이라니 얼마나 한심한가. 스스로 탄식하는 시간이었다.

하루하루 기도하며 신약의 4복음서를 읽어가던 중 하나님은 요한복음 21장에서 시선을 멈추게 하셨다.

다음 날 아침 일찍, 예수님께서 호숫가에 서 계셨습니다. 그러나 제자들은 그분이 예수님이신 줄 알지 못하였습니다. 예수님께서 그들에게 말씀하셨습니다. "친구들이여, 한 마리도 못 잡았느냐?" 제자들이 대답했습니다. "네, 한 마리도 잡지 못했습니다." 예수님께서 말씀하셨습니다. "그물을 배 오른편에 던져라. 그러면 고기를 잡을 것이다." 그들은 시키는 대로 했습니다. 그러자 고기가 너무 많아, 그물을 배 안으로 끌어 올릴 수가 없었습니다. 예수님께서 사랑하시던 제자가 베드로에게 말했습니다. "주님이시다!" 베드로는 주님이시라는 말을 듣자마자, 벗고 있던 겉옷을 몸에 두르고는 물로 뛰어들었습니다. 다른 제자들은 고기가 가득한 그물을 당기며 배를 저어 호숫가에 댔습니다. 그들은 호숫가로부터 약 90미터 정도 떨어진 그리 멀지 않은 곳에 있었기 때문입니다. 제자들이 호숫가에 닿아 땅에 내리니 숯불이 피워져 있는 것이 보였습니다. 불 위에는 생선이 놓여 있었고, 빵도 있었습니다. 그때, 예수님께서 "너희가 방금 전에 잡은 생선을 가지고 오너라" 하고 말씀하셨습니다. 시몬 베드로가 배에 올라가 그물을 호숫가로 끌어당겼습니다. 그물은 큰 물고기로 가득했습니다. 백쉰세 마리나 되었습니다. 고기가 그렇게 많았는데도 그물은 찢어지지 않았습니다. 예수님께서 그들에게 "와서 아침식사를 하여라" 하고 말씀하셨지만, 제자들은 그분이 주님이신 줄 알았기 때문에 제자들 중에 감히 "당신은 누구십니까?"라고 묻는 사람이 없었습니다. 예수님께서는 가셔서 빵을 가져다가 제자들에게 주셨고, 생선도 주셨습니다. 요 21:4-13 쉬운성경

처음 읽을 때는 베드로와 제자들이 보였다. 모든 소망이 사라지고 실의에 빠져서 다시 갈릴리 바다로 돌아가 어부의 삶으로 복귀한 모습이 보였다. 예수님이 십자가에서 돌아가신 후 그들이 겪었을 낙심이 공감되었다.

이 부분을 읽는데 문득 엠마오로 가던 두 제자(눅 24장)가 떠올랐다. 예수님의 십자가 사건 이후 엠마오로 돌아가던 길 위의 글로바와 또 한 제자의 마음도 이와 같았을 것이다. 나도 이 세상을 살아가며 낙심하여 힘들어하고 아무런 소망이 없다고 생각될 때가 있었다. 제자들의 마음이 그러했을 것이다.

그러잖아도 마음이 힘든데 밤새 그물을 던져도 물고기 한 마리도 잡

지 못한 제자들에게 나타나신 예수님은 먼저 호숫가에 가서서 숯불을 피우고 물고기와 빵을 구우셨다. 지치고 낙심한 제자들을 위해 조반을 준비하고 계셨던 것이다.

이 대목을 읽는 중에 주체할 수 없이 눈물이 흐르기 시작했다. 호숫가에 서 계신 분이 예수님인 것을 눈치챈 베드로는 참지 못하고 그대로 물로 뛰어들었다. 한시라도 빨리 만나고 싶었던 마음이 느껴졌다.

성경을 읽으며 나도 저 자리에서 제자들과 함께 예수님이 차려주신 조반을 먹고 싶었다. 할 수만 있다면 옆자리에 끼어서 그 식사를 함께하고 싶었다.

예수님의 따뜻한 마음의 온기가 전해져 왔다. 엠마오로 가는 두 제자와 동행하신, 디베랴 호숫가에서 제자들을 위해 아침 식사를 준비하신 그 예수님이 따뜻한 가슴으로 나를 안아주셨다. 그날 아침 예수님은 따뜻한 사랑으로 내게 와주셨다. 나의 신앙 안에서 당신을 찾고자 한 기도에 응답해주셨다.

선한울타리 사역을 통해서 만나는 자립준비청년들이 내가 만난 따뜻한 예수님을 경험하길 원한다. 부모와 분리되어 사랑을 경험하지 못하고 원망과 낙심 가운데 살아가는 청년들이 성경을 통해 예수님의 사랑을 체험하길 기도한다. 선한울타리의 멘토와 울타리팀 권사님, 집사님들과 함께하는 식사 교제를 통하여 예수님의 사랑을 경험할 수 있길 기도한다.

가장 감동적인 감사패

지난 10년간의 사역을 돌아보며 잠잠히 생각에 잠겨본다. 그동안 선한울타리에 와서 결연된 아이들이 초기에 보여주었던 모습, 그들이 가졌던 다양한 어려움들이 떠오른다.

처음 아르바이트로 일한 식당에서 부끄럽다고 주방 밖으로 한 발짝도 나오지 못하던 아이, 외국에서 워킹홀리데이를 하다가 코로나19로 갑자기 귀국하여 거처할 곳이 없던 아이, 나를 처음 만나서 대화하는 내내 얼굴을 들어 눈 한 번을 맞추지 못했던 아이의 모습….

이 아이들과 인연을 맺고 여러 해가 지난 지금, 아이들의 변화된 모습으로 입가에 미소가 지어진다. 멘토님들의 기도와 사랑, 그리고 선한울타리의 적절한 재정적 지원을 통해 아이들은 훌륭한 성인으로 자립해나가고 있다.

2019년 5월, 아내가 아이들에게 집밥을 먹이고 싶다고 하여 선한울타리와 결연한 지 3-4년 된 자립준비청년 네 명을 우리 집에 초대했다. 함께 식탁에 둘러앉아 도란도란 살아가는 이야기를 나누던 중 남자 청년이 이렇게 고백했다.

"선한울타리에 온 우리는 참 축복받은 사람들인 것 같아요."

"왜 그런 생각이 들었어?"

"선한울타리와 결연되지 않은 다른 청년들의 삶과 저희 삶을 비교해 보면 완전히 다르거든요."

그 말을 듣는데, 아이들 스스로 그런 생각을 품고 있다는 것이 참 기특하고 대견했다. 자신들이 받은 섬김을 당연하게 여기지 않고 감사를 표현하는 모습을 보고 나 또한 이 아이들을 잘 자라게 인도해주신 하나님께 감사를 올려드렸다.

저녁 식사를 마친 후, 자매 세 명이 서로 눈짓을 하더니 가방에서 뭔가를 꺼냈다.

울타리 감사패

귀하는 선한울타리 사업을 통해 열과 성을 다하여
아이들의 자립을 위해 노력한 공로가 크므로
그간 노고에 감사드리며
울타리 아이들의 마음을 담아 이 패를 드립니다.

그날 저녁 우리 부부는 아이들의 이름이 새겨진 감사패를 받았다. 그동안 여기저기서 받은 감사패와는 비교할 수 없는 감동의 상패였다. 지금도 우리 집 안방 책장 위에 있는 그 감사패를 보고 있으면 그날 상패를 내밀던 아이들의 환한 미소와 재잘거리던 목소리가 생생하게 펼쳐진다.

이처럼 하나님은 아이들이 잘 자라는 모습을 보게 하셔서 우리 부부를 칭찬하고 위로해주셨다. 지난 10년간 수많은 기적과 감동적인 에피소드가 있었지만, 나의 기억력이 부족하여 일일이 글로 남기지 못하는 것이 안타까울 뿐이다.

chapter 7

이끄심을 따라 더 넓은 지경으로

세상의 이용과 홀대

사역하며 자립준비청년의 현실을 조사하고 공부할수록 화가 많이 났다. 1993년 김영삼 정부 출범 후 지방자치제가 시작되고, 모든 복지는 지자체로 내려갔다. 이후 노인복지, 장애인복지 등 당사자들이 권익을 위해 적극적으로 활동하는 성인 대상 복지는 다시 중앙정부로 돌아갔으나 아동복지는 여전히 지자체에 남아 있다 보니 아동 1인당 지원 금액이 상대적으로 적었다. 아동양육시설에서 사는 보호대상아동과 자립준비청년에게 지원하는 복지는 더욱 열악했다.

교회사역이고 개인 비영리단체인 선한울타리는 정부나 국회와 직접 소통할 수 있는 공식적 창구가 없었는데 2018년에 '광화문 1번가'라는 국민참여형 온라인 소통 창구가 생기면서 정책 제안을 해볼 수 있는 길이 열렸다.

함께 사역하던 집사님의 제안에 힘입어, 당시 현장에서 경험하며 불합리하다고 여겨지는 문제들을 문건으로 만들고 온라인으로 정책 제안서를 제출했다. 보호종료하면서 받는 자립정착금도 지자체마다 달라서 금액의 표준화가 필요했고, 디딤씨앗통장에 적립된 금액도 보육원마다 천차만별이어서 제도 개선이 필요했다.

주거 지원에 관한 제안/요구

아이들의 자립을 지원하며 제일 힘들었던 것은 주거지원이었다. LH 에서 지원하는 소년소녀가정 전세 임대나 청년 전세 임대는 대부분 다가 구주택 원룸의 전세금을 지원하는 제도였다.

방을 구하려고 해도 집주인과 부동산 모두 거래를 꺼려서 방을 찾는 일이 보통 수고가 아니었고, 간신히 방을 구하더라도 LH의 심사에서 떨 어지면 모든 게 헛수고였다. 처음엔 심사 기간도 너무 길어서 기다려주 는 집주인이 없었다. 보호종료한 자립준비청년이 법적으로 성년이 되지 않으면 단독으로 계약을 하지 못해서 내가 후견인으로 싸인을 해주는 경우도 있었다.

학비 지원에 관한 제안/요구

한국장학재단을 통하여 대학등록금을 지원한다고 하여 신청을 했는 데, 당시만 해도 입학 전에 등록금 지불 처리가 되지 않아서 본인이 선 불을 하고 학기 중에 학교로부터 환급을 받기도 했다. 선한울타리가 청 년을 대신해 선납해주지 않았다면 대학 입학 자체를 하지 못할 뻔한 경 우도 있었다.

더구나 매 학기 B학점 이상을 받지 못하면 다음 학기 장학금 수혜대상에서 제외되었다. 보육원 재원 시절 사교육의 기회가 없었던 청년들은 대학 수업을 따라가는 것이 '어려운' 정도가 아니라 본인들의 표현을 빌자면 "도대체 교수가 무슨 이야기를 하는지 이해가 안 된다"라고 한다. 그런데 학점 기준까지 높다 보니 사회배려자 전형으로 대학에 입학해도 졸업까지 가지 못하고 중도에 포기하는 사례가 많았다.

취업지원 및 직업교육에 관한 제안/요구

취업도 마찬가지였다. 대학 재학 중이거나 졸업한 자립준비청년은 많지 않았지만, 그래도 그중에는 어린 시절부터 자라면서 보고 경험한 직업이 사회복지사다 보니 사회복지학과 학생이나 졸업생이 많았다.

학교는 다녔는데 취업을 하려다 보니 적성에 맞지 않는 경우가 많았다. 한국장학재단에서 지원하는 등록금은 총 8학기만 지원이 가능했기에, 중간에 대학을 옮기기도 쉽지 않았다.

지금도 그렇지만 고졸 자립준비청년들이 선호하는 직업은 제조업보다는 서비스업 직군이었다. 당시만 해도 커피산업이 유행하던 시절이라 바리스타를 선호하는 청년들이 많다 보니 대부분 아르바이트로 생활을 이어가고 있었다.

대한민국은 시행착오를 인정하지 않는 사회다. 대학에서 중간에 학과를 옮기기도 쉽지 않고, 직업을 바꾸기 위해 재교육을 받으려고 해도 당장에 먹고사는 것이 힘든 자립준비청년에게는 불가능한 도전이었다.

보육원을 보호종료한 후 5년 동안은 시설의 자립전담직원이 사후관리서비스를 한다. 그러나 보육원의 소재지와 멀리 떨어져 살거나, 여러 사유로 자립전담직원과 소통이 원활하지 않은 청년은 사후관리서비스를 받을 수 없다. 선한울타리는 전국에 자립준비청년을 위한 자립지원기관을 설치해주길 제안했다.

그 외에 제안서에는 자립준비청년에 대한 경제교육, 정서지원 프로그램, 사회적응지원 프로그램, 갭이어(Gap year) 프로그램을 제안했다. 마지막으로, 아동복지를 중앙정부로 환원할 것을 강력하게 주장했다.

현장에서 3년 동안 경험한 문제들을 근거로 제안서를 만들다보니 지금 생각해도 나름 훌륭한 내용이었다. 일단 '광화문 1번가'에 정책 제안서를 준비해 업로드하고 나니, 이걸 계속해서 세상에 알리고 싶은 소망이 생겼다.

다행히 2018년부터 입양법 관련된 비영리단체에서 활동하면서 알게된 국회의원을 통해 자립준비청년의 현실을 알릴 기회가 생겼다. 의원님은 감사하게도 국회에서 자립준비청년을 위한 콘퍼런스, 포럼 등이 열리면 나를 발제자로 불러주셨다. 그 자리에는 복지부 공무원들도 오기 때문에 선한울타리가 만든 제안서를 전달해드릴 수 있었다.

그 무렵부터 자립준비청년 당사자들도 이전보다 더욱 적극적으로 본인들의 권익을 위해 활동하고 있었는데, 이분들도 초기에는 변변한 자료가 없었기 때문에 내가 만들어놓았던 제안서를 이들에게 전달하기도 했다. 내가 먼저 사역의 선배인 JM 선교사님으로부터 아무런 대가 없이 멘토링 가이드를 받았기에, 나도 뒤에 오는 후배들에게 내가 준비한 자료들을 전해주는 것이 당연하다고 생각했다.

코로나19 중에는 파주에서 자립준비청년 사역을 하고 계신 한 목사님을 찾아 제안서를 전달했는데 대형교회를 담임하다 은퇴하신 이 목사님은 양쪽 대선캠프 모두에 제안서를 전달해주겠다고 약속하셨다.

사회복지를 전공하지 않았지만, 3년 동안 쌓인 지식을 바탕으로 만든 정책 제안서가 사용된 것이 참 보람 있었다. 그런데 시간이 조금 지나니 자립준비청년을 위한 정책과 제도를 개선하는 정부의 TFT 등이 설립되면서 실무적인 회의가 진행된다는 소식이 들렸는데 선한울타리는 법인도 아니고 교회 단체여서 그런지 이러한 본격적인 논의의 자리에서 철저하게 배제되었다.

처음에는 이러한 홀대에 마음이 불편하고 씁쓸한 생각도 들었지만, 시간이 지나고 개선된 지원제도가 발표되는 것을 보면서 참 행복했다. 이런저런 루트로 전달한 정책 제안서의 내용이 90퍼센트 이상 반영된 것을 보게 되었기 때문이다.

처음 제안서를 제출했을 때만 해도 불합리한 전세 임대 제도의 문제점을 개선하고자 하는 의도가 있었지만, 이후 기존 제도의 개선뿐 아니라 자립준비청년을 위한 건설임대주택 지원제도가 생겨서 획기적인 주거 개선이 되었다.

장학금 지급을 위한 학점 기준도 완화되었다가 지금은 학점 제한이 철폐되었으며, 대학마다 자립준비청년 전형이 생겨서 대학 입학과 졸업이 훨씬 수월해졌다.

이제는 지자체마다 자립지원 전담기관이 설치되었고, 정부와 지자체뿐만 아니라 각 기업과 재단에서 자립준비청년을 위한 다양한 지원제도를 시행하고 있다.

하나님은 이 땅에 자립준비청년의 지원이 불모지였던 시절, 비전문가들로 선한울타리를 세우셔서 교회를 통하여 청년들을 멘토링하며 돌보게 하시고, 현장의 경험을 근거로 만든 정책 제안서가 사용되도록 길을 열어주셨다. 우리가 만든 것을 독점하지 않고 선교사님이 먼저 하신 것처럼 대가 없이 주었을 때, 자립준비청년들의 미래를 위해 사용해주신 것에 감사드릴 뿐이다.

예수님이라면 어떻게 하셨을까

선한울타리가 자립준비청년을 지원한 것은 이들이 대한민국 복지의 사각지대에 있었기 때문이다. 그런데 또한 이들은 복음의 땅끝에 있었다.

한참 발달장애인 사역에 빠져 있을 때 하나님은 밀알복지재단을 후원하게 하셨다. 정기후원을 하니 밀알의 정기행사에 초대를 받기도 했고, 소식지 〈밀알보〉가 집으로 배달되었는데 하루는 〈밀알보〉를 읽다가 매우 충격적인 문장을 보게 되었다.

"발달장애인은 복음의 땅끝에 있다."

발달장애인들은 다른 나라 오지도 아니고 대한민국 땅에 우리와 함께 살고 있는데 왜 복음의 땅끝에 있다고 하는지 의아했다.

2000년 겨울, 교회 사랑부에서 발달장애인들과 함께 예배를 드리기 시작할 무렵 발달장애인의 복음화율은 매우 낮았다. 발달장애인 부서가 있는 교회도 매우 적었고 요즘같이 주일학교에서 비장애인과 장애인이 함께 통합으로 예배드리는 것은 상상도 할 수 없었다.

발달장애인들은 복음을 들을 기회가 없었다. 그러다 보니 '복음의 땅끝'이라는 표현이 나왔고, '장애인 전도'가 아니라 '장애인 선교'라는 표현을 사용했다.

그런데 그로부터 15년 후 자립준비청년 사역을 시작하고 보니 우리 청년들이 장애인과 마찬가지로 '복음의 땅끝'에 있다는 생각이 들었다. 사역을 할수록 자립준비청년은 전도보다는 선교의 대상이라는 확신이 들었다.

이 아이들은 외부적인 요인으로 보호종료 후 교회를 떠나기도 하지만, JM 선교사님의 말씀대로라면 낳아준 아버지로부터 학대나 유기를 당한 아이들은 '하나님 아버지'의 '아버지'를 생각하면 자신을 학대하고 유기한 아버지가 떠올라서 하나님을 따뜻하고 사랑하는 아버지로 만나는 것이 어렵다. 충분히 납득이 갔다.

그런데 사역의 시간이 지나고 자립준비청년에 대한 지원이 개선되면서, 하나님은 여러 경로로 자립준비청년보다 더 열악한 환경에서 살아가는 다양한 유형의 가정 밖 청년들을 보게 하셨다. 그중 하나가 탈북한 어머니가 중국에서 결혼 후 출산한 자녀들이다.

2022년 여름, 우연한 기회에 샘물교회 입양가족을 통해 내가 사는 동네의 작은 교회를 출석하는 조아름 자매를 소개받게 되었다. 매우 상냥하고 사교적인 이 젊은 자매님이 하루는 다급한 목소리로 탈북 2세 중국 청년을 도와줄 수 있냐고 물었다.

소개로 알게 된 여자 청년이 성남시의 고시원에서 폭식증으로 어려움 중에 있는데 주거 면에서도 재정적으로도 간절히 도움이 필요하며 이대로 놔두면 위험할 것 같다는 것이었다. 전화를 끊고 나서 처음에는 조금 황당하다는 생각이 들었다.

'선한울타리는 자립준비청년을 지원하는 단체인데 왜 우리한테 이 청년을 도와달라고 하지?'

선한울타리가 큰 재단이었다면 정관에 지원대상으로 명기되지 않은 경우 지원을 할 수 없다. 선한울타리의 어느 규정에도 자립준비청년만 지원해야 한다는 내용은 없었지만 처음 아름 자매의 요청을 받았을 때 내 마음은 많이 경직되어 있었다. 그런데 시간이 조금 지나고 갑자기 이런 생각이 들었다.

'이럴 때 예수님이라면 어떤 결정을 하셨을까? 예수님은 자립준비청년은 도와주고, 탈북 2세대 청년은 지원대상이 아니라서 도와주지 않으셨을까?'

생각이 여기에 미치자 머뭇거릴 이유가 없었다. 선한울타리 임원 톡방에 이 청년의 안타까운 사연을 올리고 지원에 동의해달라고 요청드렸다. 샘물교회 선한울타리 임원들은 역시 마음이 따뜻하고 열려 있는 분들이었다. 임원분들이 흔쾌히 동의해주신 덕분에 청년을 만나서 선한울타리로 결연했고, 청년은 고시원에서 선한울타리의 숙소로 이사를 오게 되었다.

선한울타리 사역을 시작하고 샘물교회가 소재한 경기도 성남시 정자동에 선한울타리 숙소를 임대해서 운영했다. 청년들이 숙소에 입소하면 행정복지센터에 가서 전입신고를 하고 사회복지과에 가서 자립준비청년 자립수당 신청을 하고, 대학생의 경우 생계급여 신청도 한다.

2015년부터 아이들과 함께 수없이 행정복지센터를 드나들다 보니 나름 정자동 행정복지센터에서 좋은 소문이 났다. 나는 청년을 만날 즈음에 행정복지센터의 '찾지단'이라는, 어려운 이웃을 발굴하는 활동의 일원으로 임명되었다. 이 청년은 대학에 합격했지만, 자립준비청년이 아니라서 한국장학재단의 등록금 지원대상이 아니었는데 나의 소개로 생계급여 대상자가 되어 한국장학재단으로부터 장학금을 받을 수 있게 되었다.

조아름 자매님을 통해 청년을 소개받은 순간부터 지금까지의 과정을 돌아보면 새삼 깨닫게 된다. 우리가 하나님 앞에서 열린 마음으로 순종하기만 하면 하나님께서는 당신이 사랑하시는 자녀를 위해 길을 여시고 가장 좋은 곳으로 인도하신다는 것을.

왜 하필 저입니까?

10년이 넘는 시간 동안 청년사역을 하면서 나 자신도 의구심이 드는 것이 하나님은 왜 나를 자립준비청년들을 돌보는 일에 사용하시는지 솔직히 모르겠다.

하나님이 이 사역을 맡기신 것이 나를 위한 것이 아니라 우리가 돌보고 있는 자립준비청년 때문이라는 것은 말씀과 기도를 통해 받아들였다. 그럼에도 가끔씩은 이런 생각을 해본다.

'나는 청년사역을 하기엔 마땅치 않은 사람인데….'

먹고살다 보니 계발이 되어 그렇지 나는 내성적인 사람이다. 그리고 선한울타리 사역을 시작하기 전까지 청년사역과 아무런 접점이 없었다. 교회에서도 유소년, 청소년 부서에서는 잠시 봉사했을 뿐 대부분의 시간을 발달장애인들과 함께했다.

더군다나 가정에서 네 자녀를 키우면서 아이들에게 좋은 아빠로서 갖춰야 할 관대함, 온유함도 타고나지 못했으며, 많이 부족하다고 스스로 자책하는 사람이다.

하필 그런 내가 왜 특히나 상처 많은 자립준비청년을 위한 사역을 하고 있는지 참 이상할 뿐이다. 하나님께서 사역을 맡기실 때는 종합적으로 고려하여 선택하셨을 텐데 말이다.

이 사역은 사실 아동복지의 영역에 속한 분야이고 나는 사회복지학을 전공한 사람도 아니다. 이 사역을 위해 가진 것이라고는 비슷한 상처뿐이 아닌가, 스스로 묻곤 한다.

입양계에 오랫동안 몸담은 경험으로는 입양부모 중 순수하게 입양자녀들을 위한 활동을 하시다가 양육하는 자녀의 어려움 때문에 상담학을 공부해 석사 또는 박사학위를 받고, 법인을 만들고, 사업을 하시는 분들이 있다. 처음엔 자녀를 잘 키우기 위해, 자신이 속한 입양자조모임에 도움이 될까 하여 시작했는데 계속 공부를 하다 보니 사업에까지 이르게 된 것이다.

그러나 주위 사람들이 이런 경우 처음부터 자녀 양육보다는 어떤 목적이 있어서 공부를 시작한 건 아닐까 하는 의구심을 갖는 모습도 보았다. 그러다 보니 선한울타리 사역을 하면서 나 자신에게 매우 엄격하고 심지어는 결벽증에 가까운 자기관리를 하고 있었다.

사역을 시작하고 사회적 기업이라는 처음 의도와 달리 교회사역으로 인도하시면서 나는 온전히 하나님의 뜻에 순종했다. 내 마음의 결심은 한결같았다.

'하나님보다 반 발짝도 앞서가지 않겠습니다. 보여주시는 만큼만 나아가고, 멈추라 하시면 멈추겠습니다.'

이렇게 마음을 먹은 데는 나 자신에 대한 불신과 하나님에 대한 신뢰가 바탕이 되어 있었다. 오랜 시간 사업을 하면서 나 자신은 그다지 신뢰할만한 존재가 아니라는 것을 깨달았기 때문에, 이 사역을 기획하신 하나님께 맡기는 것이 가장 최선의 길임을 처음부터 확신했다. 그러다 보니 특별히 사역에 대한 계획을 미리 하지 않았다. 그러면서 자연스럽게 사역을 두고 하나님께 드리는 고백이 생겼다.

'하나님. 선한울타리 안에 제 것을 만들지 않겠습니다. 오늘 당장이라도 이 사역에서 나가라 하시면 뒤도 돌아보지 않고 떠나겠습니다.'

사역을 하면서 학위를 하고, 법인을 만들면 안 될 것 같았다. 어차피 하나님께서 시작하게 하신 일인데 나보다 더 훌륭한 사람을 세우시면 홀가분한 마음으로 떠나야 하기에 내 지분을 남기지 않는 사역을 해야겠다고 결심했다.

하루는 아내에게 투정 부리듯 "하나님은 왜 나에게 이 사역을 하게 하셨을까?" 하자, 그날따라 아내가 농담처럼 한 말이 있다.

"당신도 잘하는 거 있어. 당신 '존버' 잘해."

"존버?"

'존버'는 요즘 아이들이 쓰는 '포기하지 않고 오랫동안 버틴다'라는 의미의 비속어다. 아내의 입에서 나오는 '존버'라는 단어를 듣자마자 웃음이 빵 터지고 말았다.

"그래. 나 '존버' 잘하는 것 맞아."

원래는 의지도 약하고 현실적이어서 이익이 안 되면 바로 정리도 잘하지만, 해야겠다고 생각하면 오래 하기는 하는 것 같다. 교회에서 사랑부 교사도 25년간 최장수로 하는 것을 보면 잘하지는 못하지만 오래는 하는 것 같다.

선한울타리는 자립준비청년을 대상으로 하는 사역이다. 인간을 대상으로 하는 사역은 긴 안목을 갖고 오랫동안 지켜보는 것이 중요하다. 중간에 포기하기보다는 그냥 놔두고 지긋이 기다려주는 것이 필요하다.

나도 사람인지라, 게다가 온유하지도 관대하지도 못한 인간이라 때로는 화도 나고, 욱하는 성격이 있어서 참는 것도 힘들지만, 그래도 기다리려고 노력한다. 하나님께서 그렇게 하도록 시키시는 것 같다.

아직도 하나님의 뜻을 헤아리기엔 멀었지만 이런 재주 같지도 않은 능력을, 그것도 하나님께서 오랜 시간 훈련시키셔서 만드신 능력을 사용하셔서서 사역을 하는 흉내라도 내게 하시니 그 은혜에 감사할 뿐이다. 부족한 나를 다듬어가며 사용해주시는 것에 대한 감격에 더욱 감사하게 된다.

너는 내 일을 하고, 나는 네 일을 한다

내 주위의 신실한 그리스도인 중에 집 안에 별도의 기도 공간을 마련하여 하나님과의 구별된 기도 시간을 갖는 분들이 계신다. 이런 분들을 뵐 때마다 참 대단한 분이라는 존경심이 우러난다.

넓든 좁든 집 안에 이런 기도방을 만들고 싶은데, 안타깝지만 우리 집은 대가족으로 가족이 다 모이면 잠잘 곳을 빼면 혼자만의 공간이랄 곳이 없다.

선한울타리 사역을 준비하면서 주로 안방에 있는 책상에 앉아 말씀과 기도로 하나님의 뜻을 확인하는 과정을 가졌다. 그런데 안방을 떠나 이곳에만 가면 하나님께서 갑자기 툭, 하고 말을 거신다. 안방 옆에 있는 작은 욕실이 바로 그곳이다. 처음엔 그냥 내가 속으로 그렇게 생각하는 거겠지 생각했다.

사역을 시작하고 지금까지 항상 사업과 사역을 병행하여 두 가지 일을 하다 보니 사업이 잘될 때면 편안하게 사역에 집중할 수 있지만, 사업이 힘들면 사역을 하면서도 마음에 근심과 염려로 어려울 때가 있다. 연약한 인간이다 보니, 부끄럽지만 사역을 시작한 지 10년이 돼도 현실에서 자유롭지 못하다.

그런즉 너희는 먼저 그의 나라와 그의 의를 구하라 그리하면 이 모든 것을 너희에게 더하시리라 마 6:33

사역을 하면서 마음이 흔들릴 때면 암송하며 스스로 나 자신을 다잡는 구절이다. 하루는 사업 때문에 마음이 힘들어서 이 말씀을 습관처럼 붙잡고 기도한 후, 안방 옆의 욕실에 들어가서 서 있었다.

'상규야. 많이 힘드니? 너무 힘들어하지 마라.
너는 내 일을 하고, 나는 네 일을 한다.'

하나님과 내가 둘만 있는 작은 공간에서 귀에 대고 속삭이듯이 말씀하셨다. 그분의 음성을 듣는 순간 감사한 마음에 눈물이 핑 돌았다.
'하나님이 내 사정을 아시는구나. 그리고 내 일을 해주신다고 말씀하시네.'
그 순간 큰 위로와 함께 나를 뒤덮던 염려로부터 마음이 편안해졌다. 이후로도 하나님은 같은 공간에서 말씀하신다.
'하필 왜 이 작은 욕실일까?'
하나님은 내가 잠시라도 세상과 떨어져서 어떤 훼방도 받지 않고 다른 생각을 하지 않고 있을 때 그분의 음성을 제일 잘 들을 수 있다는 것을 깨닫게 하셨다. 하나님은 내 기준에서 내가 생각하는 거룩한 장소가 아니라, 내가 그분의 음성을 가장 잘 들을 수 있는 곳에서 말씀하신 것이다.

연대와 협력
당사자단체
사역을 시작하고 몇 년이 지났지만 자립준비청년 사역을 하는 단체가 워낙 없을 때다 보니 나 같은 비전공자도 여기저기서 발제해달라는 요청을 받곤 했다. 나는 사역을 홍보하고 자립준비청년의 현실을 알릴 기회라면 어디든 달려갔다. 그러다 보니 짧은 시간 안에 참 많은 사람을 만났는데, 그 가운데 나 같은 제3자가 아니라 자립준비청년 당사자로서 후배들을 돕는 일을 시작한 분들을 만날 기회도 생겼다.

가장 먼저 만나게 된 김성민 형제는 젊은 나이에 브라더스 키퍼라는 사회적 기업을 창업하여 자립준비청년 후배들을 고용하고 있었다. 자립준비청년으로서 자기 한 몸 살아가기도 어려운 세상에서 참 귀한 도전을 하는 젊은 사업가다.

한 사람을 만나니 알음알음 소개를 통해 이성남 형제, 노주현 자매, 조윤환 형제를 만나게 되었다. 이성남 형제는 현직 장학사이며 노주현 자매는 연극을 전공하고 기획사를 운영하고 있는데, 두 사람은 함께 자립준비청년의 권익을 위한 비영리단체인 한국고아사랑협회를 만들었다.

이 단체는 자립준비청년에게 장학금을 주고 있으며, 지원하는 청년들과 캠프도 하는 등 적극적으로 활동하고 있다. 노주현 자매는 〈조립식가족〉이라는 연극을 기획하여 3년째 무대에 올리고 있다. 조윤환 형제도 고아권익연대라는 단체를 설립하고 형편이 어려운 자립준비청년들을 지원하고 있다.

나라면 시설 출신이라는 사실을 숨기고 조용히 살아가기 바빴을 나이에, 자립준비청년 당사자들이 적극적으로 후배들의 삶을 위해 헌신하는 모습을 보며 참 감동이 되었다.

이분들에게서 공통점을 발견했는데, 모두 크리스천이었다. 하나님을 인격적으로 만난 결과, 후배들의 삶을 위해 자신이 자립준비청년이라는 사실을 대중에게 공개하고 정부와 국회를 상대로 후배들의 권익향상을 위해 최선을 다하고 있다. 지난 수년간 자립준비청년의 재정지원, 주거지원 등이 개선된 데에는 이분들의 노력이 큰 역할을 했음이 분명하다.

협력단체

자립준비청년을 포함한 가정 밖 청년을 위한 사역을 하면서 참 감사한 것이 있다. 지난 10년간 참 많은 단체가 설립되어 이 영역에서 함께 활동하고 있다. 내가 알고 함께 교류하는 단체는 몇 안 되지만, 그중에서 미국에서 온 분들이 설립한 단체로 참나무 프로젝트, 사단법인 야나, LBTO, Life Together, Faith & Hope 등이 있고, 국내에서 자생적으로 설립된 단체로는 위키코리아, 한사람재단 등이 있는데 함께 모이면 분위기가 참 좋다.

청년들을 돕기 위해 서로 잘 협력하고, 경쟁하기보다는 서로의 부족한 부분을 잘 보완하며 함께 나아가는 것 같다. 나는 업계에서 나이가 제일 많은 축에 속하는데, 10년 전이나 지금이나 아이들을 위해 활동하면서 보면 여러 영역에서 욕심 없이 협력이 이루어지고 있다. 수시로 연락하고, 청년들을 소개하고, 어떤 단체에서 자기에게 없는 지원을 얻고자 다른 단체로 연락하면 열린 마음으로 협조한다.

특별히 사단법인 야나는 선한울타리의 자립준비청년의 미국 언어연수와 유학을 지원했고, '야나119'를 통하여 위급한 자립준비청년의 의료비를 지원하고 있으며, '야나파트너 지원프로젝트'를 통하여 자립준비 청년의 자립물품을 지원하고 있다.

한사람재단은 선한울타리 멘토님이 설립한 지 1년밖에 안 된 신생재단이지만 많은 가정 밖 청년들의 멘토링, 경제멘토링을 하고 있다. 수원시의 '셰어하우스콘'이라는 주거지원사업을 수탁받아 운영하고 있으며, 선한울타리의 동역교회 중 재정이 어려운 교회의 멘티를 위해 식재료비와 교육비를 지원하고 있다.

.

새롭게 하소서

2023년에 뜻밖에도 CBS 방송 〈새롭게 하소서〉의 김보영 작가님에게서 전화를 받았다. 자립준비청년 사역을 하는 사람을 찾던 중 박요한 목사님의 소개로 연락했다며 방송 출연을 제안해주셨는데, 순간 솔직히 나 같은 사람이 방송에 나갈 자격이 있을지 판단이 서지 않았다. 당시만 해도 유튜브를 거의 보지 않았던 나는 전화를 받기 전까지 〈새롭게 하소서〉 방송을 한 편도 보지 않았기에 어떤 종류의 방송인지도 몰랐다.

당시 자립준비청년을 한 명이라도 더 결연할 수 있도록 동역교회와 멘토를 찾기 위한 홍보 수단으로 페이스북과 네이버 카페[8]를 운영하고

---

8) 지금은 네이버 블로그(https://www.goodhaven.or.kr)를 운영하고 있다.

있었지만 결과는 미미했다.

나 자신에 대한 이야기라면 부끄러워서 선뜻 나서지 못하겠지만, 선한울타리 사역을 홍보하는 거라면 뭐라도 하고 싶은 마음에 방송 출연을 하기로 하고 전화 인터뷰 날짜를 잡았다.

작가님은 참 대단한 역량을 가진 분이었다. 인터뷰하기로 한 날, 얼굴 한번 대면하지 않은 나를 대상으로 약 2시간 동안 전화로 질문과 대답의 시간을 가졌는데, 너무 시간이 오래 지난 이야기라 나 자신도 잊고 살던 마음속 깊은 곳의 사연들을 끄집어내셨다. 전화를 끊고 난 후 얼굴도 모르는 사람에게 치부를 모두 보여준 것 같아서 한참 동안 부끄러울 지경이었다.

작가님의 능력은 그동안 수많은 인터뷰 경험을 통해 터득된 것이라 여겨졌다. 긴 시간이었지만 작가님 덕분에 어렵지 않게 전화 인터뷰를 했고, 얼마 후 대본을 보내주셔서 받아 읽어보았다. 어린 시절의 상처, 화상 치료, 자녀들의 입양에 관한 이야기가 너무 많이 들어있어서, 내가 처음 방송에 나가고자 한 목적인 선한울타리 사역 홍보와는 거리가 멀어진 것 같았다.

이미 엎질러진 물로 여겨져, 하나님께 맡기고 촬영하러 갔다. 선한울타리 사역을 하며 기독교 방송의 뉴스나 대담 녹화를 한 적은 있지만, 이번처럼 오랜 시간 방송녹화를 하는 건 처음이라 계속 기도로 준비했어도 긴장이 많이 되었다.

그런데 막상 녹화에 들어가니 MC 주영훈, 여니엘, 이정수 님의 능숙한 진행에 마음이 편해졌다. 세 분이 만들어주신 편안한 분위기 덕분에 예정한 시간보다 빨리 녹화를 마칠 수 있었다. 앞선 녹화가 길어지는 바람에 준비한 질문과 대답도 다 하지 못했고, 부끄럽게도 내가 한 대답 중에 성경 인용 중 실수한 부분도 있었지만.

녹화 후 2개월이 지나고 드디어 방송되었고 유튜브에도 영상이 올라왔다. 그리고 평생 처음 특별한 경험을 하게 되었다. 유명한 분들처럼 조회 수가 많지는 않았지만, 워낙 구독자 수가 90만 명이 넘는 유명한 방송이다 보니 그래도 많은 분이 영상을 보셨다.

특히 감사하게도, 자립준비청년에 관심이 있는 많은 기독교인이 연락을 주셨다. 국내뿐만 아니라 해외에서도 전화와 메일로 연락을 주셨는데, 그분들 중에는 직접 봉사에 관심 있는 분들도 계셔서 덕분에 아직까지도 자립준비청년을 위한 멘토와 후원자로 섬겨주실 분들이 계속 연결되고 있다.

특별히, 나에게 목사의 직분이 없음에도 방송을 보신 여러 교회에서 연락하여 수요예배, 금요예배의 간증도 허락해주셨다. 사역 간증을 한 교회 중에 자립준비청년 사역에 관심이 있는 성도들에게 선한울타리 사역 설명회를 하고 멘토링 교육 시간을 갖기도 했다. 하나님께서는 방송을 통하여 선한울타리 사역을 대한민국 교회와 성도들에게 알릴 수 있게 기회를 주셨고, 사역의 중요한 전환점으로 삼아주셨다.

다양한 유형의 가정 밖 청년

선한울타리는 주로 보육원, 공동생활가정, 가정위탁에서 보호종료된 자립준비청년을 지원하는 단체다. 그렇게 활동하는 중에 하나님은 탈북 2세대 청년들을 만나게 하셨고, 결정적으로 2023년부터 시작한 이랜드재단과의 지원사업을 통해 가정 밖 청년에 대한 시야를 넓혀주셨다.

그동안 만난 재단들은 거의 다 지원대상이 자립준비청년 중에서도 보호종료 후 5년 미만의 청년들이었다. 현장에서 아이들을 멘토링하며 경험한 결과를 토대로, 이러한 5년이라는 지원 기간의 제한에 대해 항상 아쉬움을 피력했고 개선을 요청했으나 교수와 같은 전문가 집단에 묵살당했다.

사역을 시작하고 오랜 기간 나는 현실과 동떨어진 지원제도에 실망해 있었는데 3년 전 이랜드재단은 처음으로 지원 기간에 대한 제한을 풀어주었고, 지원대상에 대한 새로운 시각을 열어주었다.

이랜드재단은 이미 다양한 유형의 가정 밖 청년들을 지원하고 있었다. 내게는 '가정 밖 청년'이라는 용어부터 생소했지만, 하나님은 이랜드재단이라는 현장 전문가 집단을 통하여 선한울타리가 앞으로 지원해야 할 대상에 대한 영감을 주셨다.

선한울타리가 처음 보육원 자립준비청년을 지원한 것은 당시 이들이 받고 있는 지원이 너무 열악했기 때문이었는데, 이랜드재단과의 만남을 통하여 하나님은 우리가 사역을 시작했을 때 가졌던 초심을 일깨워주셨다.

이랜드재단을 만나기 2년 전인 2021년에 하나님은 매우 부담스러운 한 분을 만나게 하셨다. 당시 청소년행복재단의 사무총장으로 재직 중인 윤용범 장로님(경기중앙교회 시무장로)이었다. 청소년·청년 사역의 전문가인 장로님은 이 업계의 '비주류'이자 '듣보잡'인 내게 자립준비청년 사역에 대해 듣고 싶다며 아주 겸손한 모습으로 다가오셨다.

장로님을 처음 만난 날, 이분의 이력과 삶 그리고 사역을 듣는 내내 궁금했다.

'이런 분이 왜 나 같은 사람을 찾아오셨을까?'

장로님은 부모의 돌봄을 받지 못하거나, 학대를 견디다 못해 가출 후 범죄를 저지르고 사법 체계를 경험한 청소년 및 청년[9]들의 아버지가 되어주셨다. 그런 장로님을 통하여 하나님은 학대 가출, 보육시설 중도 퇴소, 쉼터, 소년원 청소년까지 이 땅에서 철저하게 소외된 아이들을 보게 하셨다.

그러나 하나님께서 이렇듯 이 땅에서 눈물 흘리는 다양한 유형의 가정 밖 청소년, 청년들을 보여주시고 장로님을 통해 늘 도전을 주셨지만, 나는 그들을 교회 공동체 안으로 데리고 들어갈 엄두가 나지 않아서 교회의 동역자들을 핑계 삼아 어려운 도전을 피하고 있었다.

그럼에도 하나님은 오래 참으신다. 그리고 나의 수준을 나보다 더 잘 아신다. 윤용범 장로님을 통해 다양한 유형의 가정 밖 청소년, 청년들의 존재를 알게 하신 하나님은 이랜드재단과의 사업을 통하여 선한울타리의 영역을 현실적으로 조금씩 조금씩 확장시키고 계신다. 이제는 선한울타리 안에 보육원, 공동생활가정, 가정위탁의 자립준비청년뿐만 아니

---

9) 청소년과 청년은 각각 다른 연령대와 법적·사회적 의미를 가지며, 청소년은 만 9세부터 만 24세까지, 청년은 만 19세부터 34세까지로 정의된다.

라 적은 숫자지만 학대 가출, 중도 퇴소, 보호연장, 쉼터 퇴소 청년과 소년원 청소년들의 자립을 지원하고 있다.

교회는 생각보다 연약한 공동체다. 자립준비청년의 지적장애가 심하고 충동 절제가 안 되면 지원을 하기가 쉽지 않다. 경험상 처음 사역을 시작한 교회는 자립의지가 있는 성실한 청년과 결연하는 것이 좋다. 그래야 교회의 리더십들이 사역을 중지하는 일이 생기지 않는다.

그렇지만 한 교회의 사역 햇수가 늘어가고 멘토 결연한 청년들의 숫자가 늘어나면서, 적은 비율이지만 장애를 가진 청년, 난이도 있는 청년들을 섬기기 시작한다. 하나님은 우리를 감당할 수준만큼 준비시키시고, 사역 앞에 순종했을 때 주시는 은혜도 크다.

이제는 많은 재단이 지원사업에서 다양한 가정 밖 청년들을 대상으로 비교적 연령제한에도 여유를 주고 있다. 사역을 시작한 지 10년 만에 긍정적인 변화들이 일어나고 있다.

보호연장 제도

2022년 아동복지법 개정으로 아동양육시설과 가정위탁에서 보호받고 있는 아이들의 보호종료 연령이 만 24세로 연장되었다. 아이들은 만 18세 이후로 6년 동안 본인이 원할 때 보호종료를 선택할 수 있는 시간을 벌게 되었다.

처음에 자립준비청년에 대한 긍휼한 마음을 갖게 된 것도 만 18세에 무조건 살던 시설에서 나와야 한다는 현실 때문이었다. 그동안 지적장애나 경계선 지능을 가진 아이들도 1년 정도 보호연장을 하고는 대부분 아무런 대책 없이 보호종료시키는 현실을 보며 안타까운 마음을 금할 수 없었다.

나는 원칙적으로 보호연장에 찬성하는 입장이다. 아이들을 위해 자립정착금, 디딤씨앗통장, 자립수당의 금액을 증액했을 때도 찬성하는 입장이었다. 그런데 재정지원을 증액했을 때와 마찬가지로 보호연장에 대해서도 국가는 당사자들의 의견을 받아들이기만 할 뿐, 이에 대한 세부적인 관리대책이 부재하다.

재정지원을 늘리는 것은 맞다. 그런데 증액된 돈을 관리할 능력이 없는 아이들에게 무조건 돈만 더 주다 보니 부작용이 크다. 일단 수중에 큰돈이 있으니 아이들이 일을 하지 않는다. 큰돈을 갖고 있다는 것을 안 주위 사람들에게 사기를 당한다. 자기가 번 돈이 아니다 보니 함부로 빌려주어 돌려받지도 못한다.

옆에서 보기에는 이전보다 돈을 다 소진하는 시간만 연장하는 상황이 되었다. 극소수의 아이들을 제외하고는 어린 나이에 받은 큰돈을 관리할 능력이 없는 게 사실이다.

사람은 나이가 들어가면서 큰돈이 필요한 시기가 있다. 그리고 돈은 필요할 때 적절하게 배분 및 공급되어야 한다. 보호종료 전까지 적은 용돈 말고는 받아본 적이 없는 아이들에게 일시에 큰돈을 쥐어주는 것은 아이들을 망치는 어른의 무책임한 행동이다. 국가가 무책임한 어른의 태도를 취하고 있는 꼴이다.

재정지원을 증액하려면 좀 더 촘촘하게 관리해야 한다. 필요할 때 나누어서 줄 수 있는 관리체계를 만들어야 한다. 지금 같은 재정지원 체계는 하루라도 빨리 시정되지 않으면 국민의 세금만 축내는 결과를 낳는다. 키우지도 않고서는 아이들이 갖고 나오는 돈만 탐하는 나쁜 부모와 미성숙한 아이들을 속여 돈을 갈취하는 사기꾼들의 배만 불려주기 때문이다.

보호연장도 마찬가지다. 사역 초기부터 오랫동안 자라온 시설에서 그대로 보호만 연장하는 것에는 반대다. 보호연장의 목적은 자립 훈련이 되어야 한다. 그렇다면 보호연장을 신청한 아이들은 보호종료 후 그들이 살아야 할 주거공간과 흡사한 별도의 장소로 이동해야 한다. 독립된 공간에서 혼자 사는 훈련이 필요하다.

정부는 보호연장을 많이 하는 시설의 입장도 들어보아야 한다. 시설에서는 보호연장을 신청한 나이 든 선배들과 함께 사는 어린아이들이 힘들어하고, 사회복지사들도 관리가 어려우며, 정작 보호연장을 한 아이들도 이러한 환경에서는 성장할 수 없다.

지금 같은 보호연장 제도는 아이들의 자립을 지체시키는 결과만 낳을 것이다. 만 18세에 처음 자립을 시작하면 최소 수년간 좌충우돌하면서 20대 중반에 철이 들고 자립의 기틀을 마련하기 시작한다. 지금의 방식이라면 20대 중반에 보호종료된 후 수년간 시행착오를 겪다가 30세가 넘어서 뭔가를 해보려고 할 때 취업도 어려운 연령대가 될 것이다. 상황이 심각하다.

조금 죄송한 표현이지만 나는 아동양육시설을 '작은 사회주의 국가'에 비유한다(10년이 넘도록 사역해오면서 아이들을 키우느라 고생하시는 원장님, 사회복지사 선생님들을 보아왔다. 지금까지 나는 줄곧 시설 친화적인 입장에서 일해왔기 때문에 이런 비유가 절대로 시설을 비하하는 표현이 아니라는 것을 알아주시면 좋겠다). 집단양육시설은 식사를 포함한 모든 공급이 배급 방식으로 이루어질 수밖에 없다.

안타깝지만 일대일 방식의 가정양육보다는 자유의지나 경쟁의식이 발달할 여지가 부족하다. 그러다 보니 사회에 나와서 경쟁력이 부족한 경우가 많다. 자라온 환경에서 비롯된 결과다. 지금 같은 보호연장 방식은 아이들의 자립의지를 성장시키는 대신 보호만 연장하는 결과를 낳을 것이다.

개선책을 내놓았는데 그에 따른 부작용이 크다면 다시 개선해야 한다. 다시 말하지만, 보호연장 기간에는 아이들의 독립심과 자립의지를 성장시킬 수 있도록 독립된 주거공간에서 살게 하는 대책이 필요하다. 지금 같은 방식이 수년간 지속되면 향후 취업도 안 되는 30대 초반의 자립준비청년들이 심각한 사회적 문제가 될 것이다.

종교사단법인 설립

2015년에 사역을 시작하고 10년 동안 가족을 위한 생업과 자립준비청년 사역을 병행해오고 있다. 선한울타리 사역을 시작하기 전에 입양 시기와 맞물려 두 번 정도 사업이 어려웠던 적이 있었다. 그때마다 기도보다는 부업을 겸하는 등 인간적인 노력을 많이 했는데 결과적으로 내가 노력한 것은 대부분 열매 없이 마무리되었고, 내가 모든 걸 내려놓고 포기하는 시점에 하나님은 원래 하던 사업을 다시 살려내셨다.

선한울타리 사역을 시작하고 거의 10년 동안 사업에는 그다지 노력과 시간을 쓰지 않아도 알아서 잘 돌아갔다. 덕분에 편안한 마음으로 사역에 집중할 수 있었다. 선한울타리 사역에 거의 풀타임 사역자처럼 헌신했기에, 주위에 있는 성도나 외부 사람들조차도 내가 선한울타리에 전업하고 있는 줄 아셨다. 가끔 그분들 중에 친분이 생겨서 내가 선한울타리를 자원봉사자로 섬기고 있는 것과 나 또한 한 사람의 후원자라는 것을 말씀드리면 깜짝 놀라시곤 했다.

사역을 시작하고 시간이 흐르면서 주위의 다른 비영리단체들이 한 곳 한 곳 법인화를 하면서 나에게 늘 "나중에 시작한 우리도 법인을 만들었는데, 선한울타리는 언제 법인화를 할 예정인가요?"라고 물어왔다. 그때마다 나는 늘 한결같은 대답을 내놓았다.

"선한울타리는 법인화를 할 계획이 없습니다."

이런 대답을 한 이유가 여러 가지 있었다.

우선, 그동안 샘물교회에서 시작한 사역들이 법인화를 하면 교회와 멀어지는 부작용이 있었다. 분명히 샘물교회에서 시작했는데, 담임목사 임기제를 하는 교회에서 담임목사가 바뀌면 법인화가 된 사역과 교회 사이에 뭔가 모를 벽 같은 것이 생기는 느낌이었다.

선한울타리의 법인화를 가로막는 두 번째 이유는 내가 선한울타리 사역을 '사유화'한다는 오해들이다. 선한울타리를 법인화하면 내가 선한울타리의 대표가 되어 월급을 받게 되고 결과적으로 내 개인의 소유가 된다고 염려하는 분들이 계신다는 이야기가 들려오기 시작했다. 지난 10년간 자비량으로 사역해오는 것을 옆에서 보신 분들 입에서 어떻게 그런 이야기가 나오는지 참 속상했다.

그동안 단체를 운영하며 임대료, 월급 등 고정비를 일체 사용하지 않았고, 사역을 위해 만나는 외부 손님, 청년들과의 식대와 찻값, 외근 다니는 주유비조차 모두 내 돈으로 지불하고 있었다.

최근 2-3년간 사역이 너무 확장되어, 만나는 손님과 청년들과의 식대와 찻값이 부담이 될 정도여서 비용을 청구하고 있지만, 장거리 지방 출장을 제외하면 여전히 주유비조차 자부담을 하고 있는데 이런 소리를 들으니 억울하기도 했다. 나는 여전히 선한울타리 자비량 사역자 겸 후원자임을 감사하며 살아가는 사람인데 말이다.

법인화를 꺼린 가장 중요한 이유는 선한울타리 사역의 핵심인 멘토링 때문이었다. 선한울타리는 다른 사역과 달리 자립준비청년 멘티가 오면 그에 따라 계속적으로 기독교인 멘토를 1:1로 결연해야 한다. 지원하는 청년들의 숫자가 늘어나면 결연하는 멘토와 울타리팀을 포함한 다양한 봉사자들이 계속 공급되어야 하는 구조다. 쉽게 말해서, 봉사자의 공급원인 교회를 떠나면 이 사역을 절대로 할 수 없는 것이다. 사회복지사 몇 명을 고용해서 운영할 수 있는 사역이 아니라고 판단했다.

또한 선한울타리가 사단법인과 같은 법인화를 하면 생기게 되는 가장 큰 장애물은 기독교인 봉사자만을 모집하는 것이 제한을 받고, 자립준비청년들에게 자유롭게 복음을 전할 수 없다는 것이다.

나는 선한울타리를 교회연합사역으로 확장시키는 꿈을 갖고 있다. 우리 주님은 고아와 과부와 객을 돌보라고 말씀하셨다. 그래서 이 꿈은 나 자신의 것이 아니라 하나님께서 대한민국 교회에 주신 사명이라고 생각한다.

이제 대한민국의 아동양육시설은 기독교재단에서 운영하는 시설이라도 그 안에 교회를 둘 수 없고, 아이들에게 예배를 권유할 수 없다. 보육원 보호종료 후 교회를 떠나는 자립준비청년에게 복음을 전하고 예배를 권하는 것은 선한울타리의 가장 중요한 사역이다. 그래서 사단법인을 만들 수 없었다.

그러던 중, 2023년에는 운영하던 사업에 갑자기 어려움이 닥쳤다. 한 고객과 중국에서 샘플을 받고 오더를 진행하는 과정에서 샘플과 다른 품질의 제품이 선적되었고, 이 일로 10년도 넘은 오랜 단골 고객과의 거래가 끊어졌다. 누구보다 친밀했던 관계였는데 오더가 취소되는 과정에서 나누었던 몇 마디 대화가 오해가 되었고, 이때부터 다른 고객들까지 영향을 미쳐서 그해 고객과의 거래가 이상할 정도로 감소하더니 연매출이 10분의 1로 줄어드는 초유의 사태를 맞았다. 그 여파는 2024년까지 이어져, 그동안 모아 두었던 돈을 까먹으며 어렵게 버티고 있었다.

교회에서 목자를 하며 매주 목장의 기도 제목을 올리다 보니 자연스럽게 사업에 대한 기도 제목을 평원지기(교구 담당) 목사님이 알게 되었고, 그동안 자비량 사역자로 두 가지 일을 해온 것을 아는 목사님이 걱정을 많이 해주셨다. 법인화는 둘째치고 이 정도로 풀타임 사역자로 일한다면 선한울타리에서 월급을 가져가는 것이 맞는 것 같다는 이야기를 해주셨다.

그렇다고 선한울타리에서 월급을 가져가지는 않았지만, 이렇게 말씀해주시는 목사님의 마음에 고마움을 느꼈다. 사업의 어려움이 지속되었지만, 함께하는 동역자들은 나의 형편을 알지 못했다.

2년 반 전쯤 암 투병을 하고 계신 어느 교회 여전도사님 한 분을 뵌 적이 있다. 전도사님은 소천하시기 전에 갖고 계신 부동산의 일부를 의미 있는 곳에 기부하길 원하셨는데, 선한울타리 사역을 좋게 보셨던 한 권사님의 소개로 만나게 되었다.

한 번 뵌 후로 더는 연락이 없으셔서 기부 의사를 철회하신 것으로 생각했지만, 그날 만나고 온 뒤로 이분을 위해 중보기도를 해드리고픈 마음이 들어 먼저 연락을 드렸고 이분의 건강을 위해 계속 중보기도를 해드렸다. 그런데 전도사님이 천국으로 가시기 직전, 선한울타리를 위해 서울에 작은 사무실 하나를 기부해주셨다.

전도사님은 기부 조건을 '선한울타리가 교회사역으로 남을 경우'라고 명확하게 지정해주셨다. 하나님은 전도사님의 유언을 통해 선한울타리가 교회사역으로 존속하길 원하시는 그분의 뜻을 명확하게 보여주셨다. 그럼에도, 여러 상황이 동시다발적으로 겹치면서 선한울타리 법인화 여부를 결정해야 하는 국면에 몰리게 되었다.

채경락 담임목사님은 평원지기 목사님을 통해 선한울타리 사역과 나의 사업 형편을 계속 보고받으셨던 것 같다. 목사님은 선한울타리가 법인을 만들어서 교회에서 나갔으면 하는 의견을 담당 교역자를 통해 전하셨는데 나의 재정적 형편을 배려하는 따뜻한 마음이 느껴졌다.

2024년부터 교회의 집사님들이 본격적으로 사역에 참여하면서 나를 배려하는 말씀을 많이 해주셨다. 그분들의 말씀에 위로를 받았지만 받아들일 수는 없었다.

다만, 경제적 형편이 더 나빠져서 내가 사업을 접고 취업을 한다든지 하여 다른 일을 하게 되면 지금처럼 자비량 풀타임 사역자로 섬기는 것이 불가능할 텐데 내가 사역을 그만둔 후 다음에 오시는 분을 위해 적게라도 급여체계를 만들어놔야겠다는 생각이 들었다. 내가 돈을 받지 않고 일했다고 다음에 오시는 분에게도 같은 부담을 드릴 수는 없었기 때문이다.

더 이상 결정을 미룰 수 없는 상황일 때, 얼마 전에 들었던 종교재단법인 주사랑공동체의 예가 생각났다. 선한울타리가 교회 안에 있으면서 기독교인 성도들과 동역하며 청년들에게 자유롭게 복음을 전할 수 있는 해법을 찾은 것 같았다. 사무실을 내어주신 고(故) 정인숙 전도사님의 기부 취지 또한 지키면서 말이다.

나는 담임목사님을 만나서 선한울타리가 교회 안에 있어야 하는 이유와 종교사단법인 설립에 관해 설명드린 후 설립하는 법인의 이사장을 맡아주시길 부탁드렸다. 목사님은 선한울타리가 교회 안에 있어야 하는 이유를 바로 이해하시고, 선한울타리 법인의 이사장직을 흔쾌히 수락해주셨다.

2024년 여름, 샘물교회 당회에서 종교사단법인 설립 취지를 설명했다. 당회원 장로님들은 설립에 동의해주셨고, 선한울타리가 정인숙 전도사님이 기부하신 재산을 사용할 수 있도록 허락해주셨다.

이후 경기도에 종교사단법인 설립 신청을 하여 그해 12월 법인 설립 허가를 받았다. 법인 설립 허가를 위한 실사 과정에서 사무실을 방문한 담당 공무원이, 선한울타리가 지난 10년 동안 지역에서 감당해 온 선한 사역에 대해 칭찬해주었다. 교회가 세상으로부터 비난받는 이 시대에, 자립준비청년 사역을 통해 소금과 빛의 역할을 해왔다는 점을 인정받는 듯해 마음이 뿌듯했다.

선한울타리가 종교사단법인을 만들면서 하나님께서 주신 꿈이 있다. 샘물교회는 가정교회를 하고 있는데, 가정교회에는 가정교회 사역원(가사원)이라는 조직이 있어서 이곳을 통해 가정교회에 필요한 삶공부, 가정교회 콘퍼런스, 평신도 세미나 등과 가정교회의 교역자, 목자들을 지원하는 프로그램을 진행한다.

나는 선한울타리 종교사단법인이 앞으로 이 가사원과 같은 역할을 하길 원한다. 그래서 선한울타리 사역을 처음 시작하거나 이미 사역을 진행하고 있는 교회들을 위한 교육프로그램을 개발, 지원하고, 각 기관 및 재단과의 지원사업을 통해 들어오는 재정을 동역교회에 나누어주는 역할을 감당했으면 한다.

하나님께서 선한울타리 종교사단법인을 마음껏 사용하셔서 대한민국 교회가 자립준비청년 지원사업을 잘할 수 있도록 지원하는 역할을 잘 감당하도록 해주시길 소망한다.

발리 '소망의 꽃 보육원'과 뿌리선교회

나는 교회를 오래 다녀도 담임목사님과 친해지기 어려웠다. 나이를 먹기 전까지는 교구 목사님과도 별로 교류가 없는 내성적인 성도여서 담임목사님은 신앙생활 내내 조금은 어려운 존재로 생각되었다. 그런 내게 박은조 목사님은 선생님, 스승이셨고, 최문식 목사님은 은인이셨다.

샘물교회 2대 담임이셨던 최문식 목사님은 2014년부터 평원지기 목사님을 통해 선한울타리 사역에 관한 기도 제목을 알고 계셨고, 2015년 사역 첫해부터 멘토와 멘티의 결연식에 참석해 축복해주셨다. 이후로도 사역에 관심과 격려를 아끼지 않으셨고, 2016년 당회에서 선한울타리가 교회의 정식사역이 되게 해주셨다.

목사님의 전폭적인 지원으로 2016년부터는 기존의 샘물학교, 말아톤 복지재단, 사랑마루 사역과 동일하게 선한울타리주일을 지킬 수 있게 되었고, 사역은 온 교회의 관심과 재정적 안정의 토대 위에서 자립준비 청년들을 지원할 수 있게 되었다.

선한울타리는 평신도가 중심이 되어 시작한 사역임에도 불구하고 담임목사님이 관심을 갖고 적극적으로 지원해주셔서 교회의 사역이 된, 샘물교회에서도 유례가 없는 특별한 케이스였다.

최문식 목사님은 1기 사역 후 안식년 중에 인도네시아 발리를 다녀오셨다. 오래전 발리에 서울영동교회의 권사님의 후원으로 설립된 여자보육원을 보시고, 남자아이들을 위한 보육원을 설립하여 선교사로 가길 원하셨다. 샘물교회는 목사님의 귀한 선교사 헌신에 감사하며 발리에 남자보육원을 세웠다.

입양과 고아 사역에 관심이 크셨던 최문식 목사님과 박성애 사모님은 2019년부터 인도네시아 발리의 보육원 선교사로 준비하셨고, 지금은 6년째 인도네시아 발리에서 '소망의 꽃 보육원'을 운영하며 부모 없는 아이,

가난한 화전민의 자녀를 포함하여 보호대상 남자아이들을 키우고 계신다.

하나님께서 부족한 나에게 두 분을 만나게 하셔서 선한울타리 사역을 시작할 수 있도록 하셨으니, 목사님과 사모님은 하나님께서 만나게 하신 인생의 제일 큰 은인이시다.

목사님은 선교지로 떠나기 전 처음으로 식사 자리를 제안하셨다. 목사님이 7년간 샘물교회에 계시는 동안 처음으로 갖는 개인적인 만남이었다. 그 자리에서 처음으로 긴 시간 마음 깊은 곳에서 우러나오는 감사의 마음을 전해드렸다.

목사님이 샘물교회에서 마지막으로 선교사 파송 기도회를 가졌던 날, 기도회 시간 내내 하나님은 내게 보육원에서 자랄 아이들을 생각하게 하셨다. 두 분의 사랑의 손길 아래 자랄 아이들이 나중에 한국처럼 보호종료가 될 때 그중 몇 명이라도 한국으로 데려와서 단 1년이라도 한국어도 가르치고 잘 돌보다가 보내주고 싶었다.

기도회가 끝나고 마지막 인사를 할 때 잠깐이나마 그 생각을 말씀드렸는데 목사님, 아니 최문식 선교사님은 감사하게도 그때 내가 드린 제안을 기억하고 계셨다. 6년 전 나는 단지 1년짜리 언어연수 프로그램을 제안드렸을 뿐인데, 목사님은 2024년 3월 발리에서 뿌리선교회를 만들고 소망의 꽃 보육원의 아이들을 사랑으로 키우며, 자립준비청년들을 한국의 뿌리산업대학으로 유학 보내서 선교사로 양성할 계획을 세우고 계셨다.

선교사님은 힌두교 지역인 발리에서는 아이들을 기독교 보육원에서 신앙적으로 양육해도 그 아이들이 보호종료 후 가정으로 돌아가면 다시 힌두교도가 되는 현실에 가슴 아파하셨고 옆에 나란히 있는 여자보육원의 아이들에게도 같은 혜택을 주고 싶어 하셨다.

2025년부터 매년 발리의 자립준비청년 2명씩 한국으로 유학 보내는 계획을 선한울타리와 함께 추진하고자 하셨고 이제 선한울타리가 응답할 차례가 되었다.

그해 여름, 선교사님이 계신 발리에 단기봉사팀으로 처음 방문하게 되었다. 계획한 봉사를 마친 날 저녁, 우리 팀은 함께 둘러앉아 앞으로 발리의 아이들을 한국으로 유학 보낼 계획을 세우기 시작했다. 이미 보육원에서 한국어를 배우기 시작한 아이들을 한국 대학의 어학원으로 유학 보내고, 한국어 등급을 딴 아이들을 2년제 전문대학에 입학시키는 계획이었다.

예상되는 여러 장애물로 염려가 있었지만 나는 이 사역을 통해 배운 것이 있다. '하나님이 원하시면 하나님이 길을 내신다'라는 것이다. 하나님은 준비된 사람을 통해 일하시며 순종하는 자는 하나님의 증인이 되기에, 용기를 내어 이 일을 진행하자고 독려했다.

발리 단기봉사에 함께했던 고세현 집사님, 이동수 집사님의 협조로 수도권에 소재한 뿌리산업대학을 방문하여 입학에 필요한 내용을 확인하는 등 차근차근 이 일을 준비하고 있다. 그동안 발리 소망의 꽃 보육원을 여러 번 방문하여 아이들을 만난 적이 있는 이동수 집사님은 이 일을 위해 선한울타리 발리팀을 맡아 헌신하고 있다.

발리의 아이들이 무사히 입국해 대학 공부를 마치고, 취업하고, 영주

권을 따는 과정 가운데 기독교인으로 잘 훈련되어 발리의 선교사로 파송되는 날을 기대하며 기도한다.

이끌려 가는 길

얼마 전 선한울타리 행사가 끝나고, 행사에 참석하셨던 채경락 목사님이 함께 식사하던 중에 갑자기 물으셨다.

"장로님, 법인도 세우셨으니 이제 사역의 다음 계획이 뭔가요? 나는 사역을 하면서 계획을 세우는 편인데 장로님은 옆에서 보기에 그렇지 않은 것 같아요."

목사님은 말씀하시며 유쾌하게 웃으셨다. 나도 따라 웃었다. 목사님의 질문에 바로 대답하지 못했기 때문이다. 솔직히 사역에 대한 다음 계획을 말씀드릴 것이 떠오르지 않았다. 목사님은 다음 계획이 없는 나를 탓하는 것이 아니라 하나님의 인도하심대로 따라가려는 것을 격려해주시려는 것 같았다.

나는 어릴 적부터 매년 1년짜리 단기 계획을 세우고 살았다. 먼 계획은 실천하기 어렵지만, 1년짜리 계획은 조금만 노력하면 어렵지 않게 달성할 수 있었다. 젊어서 공부할 때는 1년, 1년 노력해서 30세 이전에 박사학위를 따는 계획을 잡은 적도 있었다. 회사에 취업해서는 입사 후 2년 안에 대리를 다는 꿈도 꾸어보았다.

그런데 시간이 지나고 보니 모든 것이 허망했다. 아버지와 싸우고 집을 나오게 되고, 갑작스러운 사고로 8개월 반을 입원하게 된 후로 내가 세우는 계획은 아무런 의미가 없었다. 사업을 하면서도 여러 차례 계획을 세웠지만, 그중에 내 힘으로 성공한 것은 하나도 없었다. 결과적으로 하나님이 허락하지 않으시면 내 계획대로 되는 것은 아무것도 없었다.

그렇다고 아무 계획도 일절 세우지 않는 것은 아니다. 다만 이제는 많이 기다리는 편이다. 전에는 내가 먼저 계획하고, 이때다 싶으면 먼저 저지르기도 했다. 내가 앞에서 억지로 끌고 가는 삶이었다.

내가 너에게 진리를 말한다. 네가 젊었을 때는 네 혼자 힘으로 옷도 입고 네가 원하는 곳으로 갔지만, 나이가 들게 되면 네가 팔을 벌리겠고 다른 사람이 네게 옷을 입힐 것이며, 다른 사람이 네가 원하지 않는 곳으로 너를 데려갈 것이다." 요 21:18 쉬운성경

젊어서는 요한복음 21장의 말씀을 단지 베드로의 순교에 대한 말씀 정도로만 이해했다. 그런데 이제 나이가 들고 선한울타리 사역을 오래하다 보니 이 말씀이 바로 하나님의 사역을 하는 사람들에게 한결같이 적용되는 원칙같이 느껴진다.

하나님께서 길을 보여주시는 것 같으면, 동역자들을 통해 길을 제시해주시면, 먼저 기도로 하나님의 뜻을 확인한다. 하나님께서 확신을 주시면 내 생각에 어려울 것 같아도 진행한다. 중간에라도 하나님께서 아니라고 하시면 멈춘다.

오랜 시간 경험을 통해 깨달은 바가 있다. 내 머리에 어떤 생각이 떠오르면 그것을 두고 기도한다. 하나님의 뜻에 맞으면 그 생각이 더 확실해

진다. 그런데 그게 하나님의 뜻이 아니고 내 욕심이면 시간이 지나면서 사그라진다.

우리는 어리석어서 바로 하나님의 뜻을 분별하지 못하기도 한다. 그렇지만 기도하며 동역자들과 함께 있으면 기도하는 동역자들을 통하여 하나님의 뜻을 분별하게도 하신다. 그렇기에 기도하는 동역자들과 함께 하나님의 일을 하는 것은 큰 축복이다.

요한복음 21장 18절의 말씀은 믿는 사역자들이 가야 할 길인 것 같다. 사역 가운데 하나님께 온전히 맡기는 삶이야말로 가장 안전하고 확실한 인생이다.

선한울타리가 이루어가는
하나님나라

이른 아침, 여느 날과 같이 말씀 앞에 앉았다. 마태복음 13장 말씀을 읽어가는데 '겨자씨의 비유' 부분에서 이날따라 가슴이 뛰었다.

예수님께서 또 다른 비유를 그들에게 말씀해주셨습니다. "하늘 나라는 마치 겨자씨와 같다. 어떤 사람이 겨자씨를 가져다가 자기 밭에 심었다. 이 씨는 다른 어떤 씨보다도 작다. 그런데 이것이 완전히 자라면, 다른 어떤 풀보다도 더 큰 식물이 된다. 그러면 하늘의 새들이 와서, 그 가지에 둥지를 틀 수 있게 된다." 마 13:31,32 쉬운성경

2015년에 샘물교회에서 집사 두 명이 자립준비청년 두 명을 데리고 시작한 사역이 10년의 세월이 지나 250명이 넘는 청년들을 돕고 보살피는 사역으로, 한 교회의 사역이 28개의 교회가 연합하는 사역으로 성장해 있었다.

오래전 '겨자씨의 비유'를 소재로 칼럼을 쓰면서 겨자나무에 관해 조사해본 적이 있다. 겨자씨는 지름이 약 1밀리미터 정도인데 다 성장하면 2-3미터 정도의 관목으로 자란다고 한다. 대한민국 땅에서는 이 정도 높이의 나무는 별것 아니지만 척박한 팔레스타인 지역에서는 꽤 큰 나무라고 한다.

겨자씨 같던 선한울타리가 겨자나무처럼 자라서 자립준비청년들에게 쉴만한 그늘이 되어주고, 이제는 중도 퇴소, 보호연장, 탈북 2세대, 쉼터, 소년원까지 다양한 유형의 청소년과 청년을 위한 지원기관으로 성장했다는 데까지 생각이 미치자 성경을 읽던 가슴이 벅차올랐다.

나는 씨앗을 심었고, 아볼로는 물을 주었으나, 자라게 하시는 분은 하나님이십니다. 그러므로 심는 사람이나 물을 주는 사람은 아무것도 아니지만, 자라게 하시는 분인 하나님은 중요합니다. 고전 3:6,7 쉬운성경

하나님께서 2014년 1월의 아침 신문 기사를 통해 영감을 주시고, 전문가도 아닌 비전공자 성도들을 불러 씨앗을 심고 물을 주게 하셨다. 처음부터 우리 힘으로 할 수 있는 일이 아니었다. 우리는 전문성도 없고, 재정도 준비되어 있지 않았다.

하나님은 이 땅 가운데 그분 앞에 탄식하며 부르짖는 외로운 아이들의 통곡 소리를 들으시고, 이들을 돌보라고 선한울타리를 자라게 하셨다. 선한울타리가 성장하여 하나님이 맡겨주신 아이들을 감당케 하심에 말로 다할 수 없이 기쁘고 감사하다.

진정한 자립

우리나라의 언론이나 방송은 자립준비청년의 자립을 언급하며 늘 "자립준비청년의 홀로서기를 응원한다"라는 문장을 표어처럼 사용한다. '자립'이라는 단어는 한자로 '스스로 자'(自)와 '설 립'(立)이라는 글자로 만들어졌다. 말 그대로 '스스로 서는' 것이다. 그런데 자립준비청년이 혼자 힘으로 자립하는 것은 불가능하지는 않지만 솔직히 너무 어렵다. '홀로서기'라는 단어는 너무 외롭게 느껴진다.

어떤 학자가 논문에서 "자립이란 혼자 살아가며 서는 것이 아니라 사회 안에서 사람들과 더불어 살아가면서 서는 것"이라고 정의했다. 맞는 말이다. 자립준비청년은 사회 안에서 사람들과 더불어 살아가면서 세워져 가야 한다.

선한울타리 사역을 처음 시작했을 때, 하나님께서 기도 중에 주신 비전이 있다. 공동체 안에서 건강하게 성장한 자립준비청년이 믿음 안에서 결혼하고 자녀를 낳고 살아가는 모습을 보는 것이다. 그래서 자립준비청년이 교회 공동체로 들어와서 멘토링을 받으며 성장해가길 바란다. 멘토링을 통하여 아버지와 어머니, 자녀들이 함께 사는 모습을 간접적으로라도 경험하는 것이 중요하다.

비록 부모님의 연약함으로 시설에서 자랐지만 자신이 경험한 불행의 고리를 끊고 주 안에서 행복한 가정을 세우는 것, 즉 '가정의 회복'이야말로 자립준비청년의 진정한 자립이라고 생각한다.

2023년에는 샘물교회 권사님 부부와 멘토링을 하는 남자 자립준비청년 멘티 1명이 결혼했다. 사역을 시작하면서 품었던 꿈이었기 때문에 선한울타리 전체의 축제처럼 몰려가서 축하해주고, 운영위원회를 통해 제법 큰 축의금을 전달했다. 결혼해도 부모님의 도움을 받을 수 없는 멘티를 배려한 결정이었다.

드디어 올해 9월, 두 명의 남자 멘티 청년이 하루 차이로 각각 결혼하여 가정을 이루었다. 선한울타리는 이틀 연속 흥분과 감격의 도가니였다. 그중 한 명은 우리 부부의 멘티로, 우리는 영광스럽게도 혼주의 자격으로 결혼식 준비부터 모든 과정을 지켜볼 수 있었다.

정말 한 게 없는 것 같은데 하나님께 큰 선물을 받았다. 두 아이 모두 좋은 처가의 부모님과 아내를 만나 가정을 꾸리는 것 같아서 얼마나 행복한지 모르겠다. 나의 멘티는 결혼하는 자매가 예배를 드리기 시작하더니 교회의 새가족부를 수료하게 되었다.

이 모든 과정이 꿈처럼 지나갔다. 하나님이 선한울타리 공동체 전부에게 주시는 격려와 칭찬 같아서 하늘을 둥둥 떠다니는 느낌이다. 앞으로도 이런 귀한 사역의 열매가 우리 가운데 계속되리라 믿고 소망하며, 하나님께서 선한울타리 사역을 통하여 이 땅 가운데 '하나님의 나라'를 이루어가도록 하심에 깊은 감사와 영광을 올려드린다.

선한울타리 주요 사역

멘토링

멘티에 맞게 성도 부부, 싱글, 청년 멘토 결연
멘토 결연식
멘토 1년차 주 1회 교제, 2년차 이상 월 1회 교제
멘토 대상 교육프로그램, 가이드북, 동영상 제공

신앙훈련

입소 감사 예배, 멘토와 예배 출석
복음 제시, 신앙생활 권면
멘토 대상 매월 둘째 주 토요일 기도회 및 나눔

주거지원

원룸, 투룸 숙소(울타리) 지원
울타리 숙소 거주 시 임대료/공과금/관리비 무료
식재료비 지원
멘티 LH 임대주택, 전세임대 업무지원
입주 시 자립물품(가구, 가전, 생활용품 등) 지원

교육지원

대학생 : 대학 진학을 위한 학업, 원서접수 안내
외국어, 자격증 취득을 위한 교육비 지원
직장인 : 자기계발 교육비 지원
언어연수, 코딩교육 프로그램 추천

자립지원

은행 업무 등 재정 관리 조언 / 제세공과금 관리 지도
건강한 이성교제, 여가활동 조언
취업을 위한 정보 제공
지적장애, 경계선 지능 청년 취업안내

법률·의료 지원

사기고소, 파산 절차 지원
부채상속 등 문제해결 지원
경찰서, 법원 등 동행, 처리 지원
병원 진료비 직간접 지원 / 긴급의료상황 지원
정서심리상담 지원

이주배경특별지원

인도네시아 발리 보육원 자립준비청년 지원
한국 유학 및 생계비 지원
멘토링 / 신앙훈련 지원
유학 후 한국 정착 지원

🤟 선한울타리 봉사자가 되는 방법

- 선한울타리 봉사자는 정통 교단에 속한 기독교인이면 신청 가능합니다.
- 선한울타리 봉사자는 멘토뿐 아니라 울타리팀, 상담, 홍보, 디자인, 법률 지원, 중보기도 사역이 있습니다.
- 특히, 멘토 희망자는 정기적인 기도회에 참석하며, 선한울타리가 제공하는 교육을 이수하셔야 합니다.

🤟 선한울타리 멘티가 되는 방법

- 가정 밖 청년 대상(아동양육시설[보육원, 그룹홈, 가정위탁]이나 청소년 쉼터 보호종료한 자립준비청년, 아동양육시설 중도 퇴소생, 보호연장아동, 가정학대 가출청년, 탈북 2세대 등)
- 일대일 멘토링 및 기독교에 마음이 열려 있고, 예배를 드리고자 하는 마음이 있어야 합니다.

전화 070-8808-7835   이메일 goodhaven2015@naver.com
주소 경기도 성남시 분당구 내정로 17번길 8, 5층 513호

사단법인 선한울타리 후원계좌 ┃ **기업은행** 341-093652-01-010
기업은행 487-041458-01-045(돌항아리 프로젝트)

선한울타리

초판 1쇄 발행 2025년 10월 21일

지은이 최상규

펴낸이 여진구
책임편집 최현주 구주은
편집 이영주 진효지 안수경 김도연 김아진 배예담
책임디자인 마영애 | 노지현 조은혜 정은혜 남은진
마케팅 김상순 강성민   **마케팅지원** 최영배 정나영
제작 조영석 허병용   **경영지원** 김혜경 김경희 김영하

303비전성경암송학교 유니게 과정
이슬비전도학교 / 303비전성경암송학교 / 303비전꿈나무장학회

펴낸곳 규장

주소 06770 서울시 서초구 매헌로 16길 20(양재2동) 규장선교센터
전화 02)578-0003   **팩스** 02)578-7332
이메일 kyujang0691@gmail.com   **홈페이지** www.kyujang.com
페이스북 facebook.com/kyujangbook   **인스타그램** instagram.com/kyujang_com
카카오스토리 story.kakao.com/kyujangbook
등록번호 1922-2461
since 1978.08.14

ⓒ 저자와의 협약 아래 인지는 생략되었습니다.
이 출판물은 저작권법에 의해 보호를 받는 저작물이므로 무단 전재와 무단 복제를 할 수 없습니다.

책값 뒤표지에 있습니다.
ISBN 979-11-6504-659-0 03230

규 | 장 | 수 | 칙

1. 기도로 기획하고 기도로 제작한다.
2. 오직 그리스도의 성품을 사모하는 독자가 원하고 필요로 하는 책만을 출판한다.
3. 한 활자 한 문장에 온 정성을 쏟는다.
4. 성실과 정확을 생명으로 삼고 일한다.
5. 긍정적이며 적극적인 신앙과 신행일치에의 안내자의 사명을 다한다.
6. 충고와 조언을 항상 감사로 경청한다.
7. 지상목표는 문서선교에 있다.